TORMENTA

THAÍS OYAMA

Tormenta

O governo Bolsonaro: crises, intrigas e segredos

1ª reimpressão

Copyright © 2020 by Thaís Oyama

Grafia atualizada segundo o Acordo Ortográfico da Língua Portuguesa de 1990, que entrou em vigor no Brasil em 2009.

Capa
Alceu Chiesorin Nunes

Foto de capa
Daniel Marenco

Assessoria jurídica
Taís Gasparian — Rodrigues Barbosa, Mac Dowell de Figueiredo, Gasparian, Advogados

Preparação
Maria Emília Bender

Checagem
Érico Melo

Índice remissivo
Luciano Marchiori

Revisão
Isabel Cury
Clara Diament

Dados Internacionais de Catalogação na Publicação (CIP)
(Câmara Brasileira do Livro, SP, Brasil)

Oyama, Thaís
 Tormenta : O governo Bolsonaro: crises, intrigas e segredos /
Thaís Oyama — 1ª ed. — São Paulo : Companhia das Letras, 2020.

 ISBN 978-85-359-3315-4

 1. Bolsonaro, Jair Messias, 1955- 2. Brasil — História 3. Brasil
— Política e governo 4. Brasil — Presidentes 5. História política 6. Jornalismo político 7. Presidentes — Brasil . I. Título.
19-32212   CDD-320.981

Índice para catálogo sistemático:
1. Presidentes da República : Brasil : História política   320.981
Maria Alice Ferreira — Bibliotecária — CRB-8/7964

[2020]
Todos os direitos desta edição reservados à
EDITORA SCHWARCZ S.A.
Rua Bandeira Paulista, 702, cj. 32
04532-002 — São Paulo — SP
Telefone: (11) 3707-3500
www.companhiadasletras.com.br
www.blogdacompanhia.com.br
facebook.com/companhiadasletras
instagram.com/companhiadasletras
twitter.com/cialetras

Ao meu pai, Carlos Oyama (in memoriam)

Sumário

Prólogo.. 9

O capitão e os generais 19

A bancada do Jair 47

Paranoias, ideias fixas, medos
e outros tormentos 71

Zero Dois... 89

O governo estremece 119

Presidente das pequenas coisas 139

Tchutchuca é a mãe 157

O inimigo das árvores 175

Bolsonaro contra a Lava Toga.................... 189

Traições 211

Notas... 241

Agradecimentos 247

Créditos das imagens.............................. 249

Índice remissivo 251

Prólogo

No plenário da Câmara Federal, dois deputados conversam em voz baixa, sentados numa das últimas fileiras. É o começo da legislatura de 2015 e é a primeira vez que os amigos Jair Bolsonaro e Alberto Fraga se encontram desde o fim do recesso parlamentar. Fraga é um ex-coronel da Polícia Militar em seu quarto mandato na Câmara. Bolsonaro é ex-capitão do Exército e está há 25 anos na Casa. Ambos integram o conhecido "baixo clero", a periferia do Congresso, formada por deputados de partidos nanicos, sem influência ou projetos relevantes no currículo e desprezados pelas lideranças parlamentares, que só lembram deles se precisam de quórum numa votação. Bolsonaro e Fraga se conhecem desde os anos 1980, quando cursavam a Escola de Educação Física do Exército.

Às vezes o ex-capitão chama o amigo de Pancrácio, nome de uma modalidade de luta da Grécia Antiga em que um contendor só era declarado vitorioso quando o outro já estava quase morto. Fraga ganhou o apelido depois de afundar o nariz de um adversário numa luta de boxe na escola militar — tinha 26 anos e a força de um mamute. Naquele começo de 2015, o ex-pugilista contava 58 anos e muitos quilos a mais. Bolsonaro estava prestes a completar sessenta e seguia em forma física razoável. Com o olhar voltado para a mesa diretora — presidida por Eduardo Cunha, que abria a sessão —, Fraga puxou o assunto.

"Tô cansado disso aqui, vou tentar uma majoritária."

"Eu também."

Fraga continuou: "O Senado tá garantido pra mim, mas vou tentar o governo".

"Eu vou tentar a Presidência da República."

Fraga virou-se para o amigo pela primeira vez: "Cê tá louco?".

"Eu vou, Fraga."

Bolsonaro se ajeitou na cadeira e explicou: "Eu que não aguento mais isso aqui. Tenho sete mandatos, pô".

Fraga calou-se por um instante. Depois retomou a conversa em tom paternal: "Bolsonaro, nós dois somos caras polêmicos. Se a gente ficar sem mandato, a gente vai ficar no sal. Nego vai moer a gente de processo".

"Tô nem aí."

"Por que você não tenta o Senado e daqui a quatro anos sai para a Presidência?"

"Não, Pancrácio, tem que ser agora. Se eu fizer 10% dos votos, tô satisfeito."

No primeiro trimestre de 2015, nenhum analista político apostaria na hipótese de 10% dos brasileiros votarem no deputado Jair Messias Bolsonaro para presidente da República. Mais do que um deputado do baixo clero, ele era um representante daquilo que os jornalistas de Brasília apelidaram de cota folclórica do Congresso — parlamentares que costumam despertar a atenção pelo histrionismo, pelos arroubos verbais no plenário e pelas confusões em que se metem.

Desde que chegou à Câmara, aos 35 anos, até seu último dia de mandato, aos 63, Bolsonaro se limitou a apresentar, quase sempre como coautor, emendas de interesse dos militares, propostas jamais aprovadas para a área de segurança e ideias que foram direto para o anedotário do Legislativo, como o projeto de castração química de estupradores, a obrigatoriedade de civis cantarem o Hino Nacional com a mão no peito e a inclusão do nome de um dos seus ídolos confessos, o falecido Enéas Carneiro, no Livro dos Heróis da Pátria.

Durante todo esse tempo, o deputado ocupou o gabinete 482 do desprezado Anexo 3 — pela precariedade de suas instalações, também conhecido como "Carandiru". Com salas diminutas e sem banheiro privativo, os titulares precisam compartilhar com colegas e assessores os sanitários coletivos dos corredores. O prédio que abriga o Anexo 3 fica distante do Salão Verde, a mais nobre das áreas de circulação da Câmara. Próximo do Salão Verde estão os gabinetes do presidente da Casa, das lideranças e dos deputados mais prestigiados. Os notáveis, quando se dirigem ao plenário, caminham sempre apressados, ou pelo menos simulam pressa, seguidos por um cortejo de assessores e jornalistas. Já Bolsonaro ninguém seguia. O parlamentar era visto na maior parte do tempo sozinho ou na companhia do caçula dos três filhos do primeiro casamento, o também deputado federal Eduardo Bolsonaro. Em qualquer situação, não tirava os dedos do celular.

Era o dia 17 de abril de 2016. A Câmara se preparava para queimar Dilma Rousseff na fogueira do impeachment. A primeira brasa havia sido acesa quatro meses antes, quando o presidente da Câmara, Eduardo Cunha, aceitara a denúncia por crime de responsabilidade oferecida contra a sucessora de Lula pelo ex-petista e procurador de Justiça aposentado Hélio Bicudo e pelos advogados Miguel Reale Júnior e Janaina Paschoal. Bolsonaro e o amigo Fraga estão mais uma vez juntos no plenário, agora de pé, espremidos entre colegas que se preparam para a votação que irá selar o destino de Dilma.

"Pancrácio, olha aqui o que é que eu vou falar."

Bolsonaro estende para o colega uma folha de papel com um texto escrito à mão. Fraga passa os olhos pela página.

"Isso aí vai dar problema."

"Foda-se, foda-se."

Bolsonaro dobra o papel e o guarda no bolso do paletó. Escrevera: "Perderam em 64, perderam agora em 2016. Pela família e pela inocência das crianças em sala de aula, que o PT nunca teve, contra o comunismo, pela nossa liberdade, contra o Foro de São Paulo, pela memória do coronel Carlos Alberto Brilhante Ustra, o pavor de Dilma Rousseff, pelo Exército de Caxias, pelas Forças Armadas, pelo Brasil acima de tudo e por Deus acima de todos, o meu voto é sim".

A poucos quilômetros dali, no Palácio da Alvorada,

Dilma Rousseff assistia à votação do impeachment pela TV, em companhia de assessores. No momento em que Bolsonaro declarou o voto e a presidente ouviu o nome de Ustra — ex-chefe do DOI-Codi na época da ditadura, torturador catalogado e condenado pela Justiça —, um silêncio se fez na sala. Dilma apertou as mãos nos braços da cadeira e se levantou. Caminhou até um corredor que dava para a saída da sala e parou ao lado de uma estante. Os presentes se entreolharam, ninguém disse nada. Ela estava nitidamente abalada.[1] Conhecera Ustra, embora não tenha sido torturada por ele nem a seu mando. Encontrou-o pela primeira vez quando estava prestes a sair da cadeia. "O Ustra já era o Ustra. Já tinha matado gente. Ele me disse: 'Se você voltar, você vai morrer com a boca cheia de formiga'. Portanto, eu sei bem quem ele é", disse Dilma, em entrevista dada dias depois da votação na Câmara.[2]

Bolsonaro não havia preparado nenhum texto para a votação. Pretendia apenas dizer "sim" à proposta de impeachment. No decorrer da sessão, porém, deputados aliados e contrários à presidente passaram a "dedicar" seus votos a parentes, políticos e personalidades históricas. Do grupo pró-Dilma houve homenagens a Luís Carlos Prestes, Carlos Lamarca, Rubens Paiva, Darcy Ribeiro, Carlos Marighella e Zumbi dos Palmares.

"Aquele negócio foi inflamando ele", lembra Fraga. "O pior foi o Marighella." O comunista Carlos Marighella, o "inimigo número 1" do regime militar pós-68, foi o criador do grupo armado Ação Libertadora Nacional (ALN), que, entre outras ações terroristas, sequestrou, em 1969, junto com o MR-8, o embaixador americano Charles Elbrick.

A citação de Bolsonaro ao coronel Ustra lhe rendeu uma denúncia do Ministério Público por incitação à tortura, além de uma cusparada do colega Jean Wyllys, do PSOL, defensor de causas LGBT e com quem Bolsonaro vivia às turras. "[Ustra] é um herói brasileiro", insistiu o ex-capitão na época. "As pessoas no Congresso achavam que o Bolsonaro era doidão", diz o amigo Fraga. A imagem que o deputado tinha perante seus pares ficou nítida em fevereiro de 2017. Naquele mês, Bolsonaro se candidatou pela terceira vez à presidência da Câmara e ficou em último lugar. De 512 deputados, apenas quatro votaram nele (além do próprio voto, teve o de Fraga, do Delegado Waldir e do Major Olimpio). Ninguém no Congresso o levava a sério.

No dia 6 de novembro de 2018, Jair Bolsonaro embarcou no Rio em um jato da FAB rumo a Brasília, com uma comitiva de doze pessoas. Era sua primeira viagem como presidente eleito da República do Brasil. Do hangar da Base Aérea de Brasília, seguiu direto para o Congresso. Na trajetória pelo Eixo Monumental, foi precedido por batedores da Polícia Militar e do Corpo de Bombeiros e por carros da Polícia Federal. Ao chegar ao Congresso — acompanhado dos filhos Flávio e Eduardo, dos futuros ministros Paulo Guedes e general Augusto Heleno, além do vice, Hamilton Mourão —, tomou o elevador privativo e foi para o gabinete do presidente do Senado, Eunício Oliveira, onde já o esperava o presidente da Câmara, Rodrigo Maia. Depois de uma reunião breve, seguiu em direção ao plenário para a sessão solene que celebrava o trigésimo aniversário da Constituição. No Salão Verde, deparou-se com um tapete vermelho ladeado por uma aglomeração de curiosos, jornalistas, policiais legislativos e federais à paisana. Fotógrafos se acotovelavam para registrar sua passagem, eleitores gritavam seu nome. Representantes dos Três Poderes o esperavam no plenário. Além de Rodrigo Maia e Eunício Oliveira, que correram para não chegar depois dele, estavam lá o presidente da República, Michel Temer, e o presidente do Supremo Tribunal Federal, Antonio Dias Toffoli.

Da mesa da sessão solene, o ex-capitão, à vontade, acenava para os colegas, ria e levantava os polegares em gesto de positivo. Terminada a cerimônia, uma fila de parlamentares se formou para cumprimentá-lo. Todos queriam selfies com ele.

No dia seguinte, vestindo o mesmo terno e a mesma gravata da véspera, Bolsonaro tomou café com o comando da Aeronáutica e visitou o Supremo Tribunal Federal. O último programa do dia era uma visita a Temer no Palácio do Planalto.

O ex-capitão foi recebido no gabinete presidencial, no terceiro andar, e saudou o presidente com uma continência. Temer sorriu, estendeu-lhe a mão e sentou numa poltrona. Indicou um sofá para seu sucessor, que ocupou a ponta; o general Heleno ficou no meio e o deputado Onyx Lorenzoni na outra extremidade. Sempre formal, Temer cumprimentou o presidente eleito pela vitória e os dois posaram para fotos. Em dado momento, pediu a um auxiliar que lhe trouxesse "as chaves".

O funcionário voltou segundos depois com uma caixa forrada de veludo azul e a passou ao chefe. Temer levantou--se e aguardou seu convidado fazer o mesmo. Ao erguer-se, Bolsonaro fez um esgar de dor — dois meses antes havia passado pela segunda cirurgia depois da facada de que fora vítima durante a campanha eleitoral.

Temer entregou ao ex-capitão o que, simbolicamente, seriam as "chaves da transição" — na prática, um molho para abrir as portas do prédio do Centro Cultural Banco do Brasil, onde até a data da posse, em janeiro, funcionaria o escritório do presidente eleito. Em seguida, guiou-o por um passeio pelo terceiro andar e mostrou-lhe seus novos domínios: as salas de apoio, as salas de reunião, a sala de almoço.

Terminado o tour, o grupo desceu para o Salão Leste, ao lado do Salão Nobre, o amplo espaço de paredes envidraçadas projetado por Oscar Niemeyer, interrompido em sua imensidão e vazio por uma rampa em caracol. Temer havia mandado caprichar na produção. Ao chegar lá, Bolsonaro deu com vinte guardas postados e paramentados para recebê-lo. Dez eram do Batalhão da Guarda Presidencial e outros dez do Regimento de Cavalaria de Guardas. Perfilados frente a frente, bateram continência para o novo presidente, que atravessou o corredor de honra com os braços duros e rentes ao corpo. Ele alternava o olhar fixo no horizonte com rápidos e nervosos movimentos dos olhos para os lados. Ao fim do corredor havia dois púlpitos, um para Temer e outro para seu sucessor, cada um com uma bandeira do Brasil e o brasão da República. Temer, fazendo uma mesura com a mão direita e curvando ligeiramente o tronco, indicou o lugar de Bolsonaro: "Excelentíssimo senhor presidente da República, por favor", disse. Bolsonaro caminhou rígido na direção do púlpito e, quando se virou para a assistência, fotógrafos notaram que seu lábio inferior tremia incontrolavelmente.

O capitão e os generais

Jair Bolsonaro subiu ao palco de Davos com o cenho franzido. Era o primeiro mandatário sul-americano que abria o Fórum Econômico Mundial. O evento, no dia 22 de janeiro, reuniu na cidade suíça setenta chefes de Estado e de governo e 3500 participantes, entre políticos tarimbados e membros da elite financeira global. De sobretudo de lã, apesar do ambiente superaquecido, o presidente brasileiro começou seu discurso com um improviso: "Confesso que estou emocionado e me sinto muito honrado em me dirigir a uma plateia tão seleta. [...] O Brasil precisa de vocês, e vocês, com toda certeza em parte, precisam do nosso querido Brasil. Boa tarde a todos". O tique de apoiar-se de forma alternada numa e noutra perna denunciava seu nervosismo.

No fórum onde se constroem reputações, no ano anterior Emmanuel Macron havia falado por 45 minutos; Donald Trump, por 25 minutos; Temer, por vinte minutos. O presidente brasileiro preferiu adotar o ritmo do Twitter: seu discurso durou pouco mais de seis minutos. Em sua fala, Bolsonaro prometeu arejar o ambiente de negócios no Brasil, além de "resgatar nossos valores" e "defender a família".

Ainda ressaltou as "belezas naturais" do país e convidou os presentes a visitá-lo. Não entusiasmou — suas palavras foram consideradas anticlimáticas e provincianas. A entrevista com Klaus Schwab, na sequência, tampouco conseguiu levantar a plateia. Bolsonaro respondeu às perguntas do fundador e presidente do fórum com frases monossilábicas, a ponto de o anfitrião ter de encerrar em quinze minutos um evento programado para durar meia hora.

Naquela noite, o jantar tradicionalmente oferecido por Schwab homenageava o presidente brasileiro. Compareceram ao evento oitenta pessoas, entre chefes de Estado e CEOS das maiores empresas do mundo. O ex-secretário de Estado americano John Kerry levou dois seguranças; o primeiro-ministro de Israel, Benjamin Netanyahu, chegou sozinho. Assim, chamou a atenção o tamanho do entourage de Bolsonaro na entrada do restaurante do hotel Morosani Schweizerhof. Além dos ministros Paulo Guedes e Ernesto Araújo, acompanhavam o presidente seu filho Eduardo Bolsonaro; o assessor da Presidência para assuntos internacionais, Filipe Martins; o chefe do cerimonial do Planalto, Carlos Alberto Franco França; seis seguranças; um ajudante de ordens e até o médico do Planalto, Ricardo Peixoto Camarinha. Na tentativa de furar a barreira, o médico levantava o dedo indicador e dizia: "I am the doctor!". Teve de ficar do lado de fora do restaurante, assim como Eduardo Bolsonaro — os convites eram restritos.

Os convidados foram acomodados em pequenas mesas redondas. Na de Bolsonaro, sentaram-se, nesta ordem: o ministro da Economia, Paulo Guedes; o anfitrião, Klaus Schwab; o presidente brasileiro; e Tim Cook, CEO da Apple. O assessor Filipe Martins, que fazia as vezes de tradutor, ficou entre o empresário americano e Bolsonaro, que não fala inglês. Schwab tentou puxar conversa com o presidente, mas teve mais sucesso com Guedes. Durante o jantar, o ex-capitão foi flagrado diversas vezes olhando para a frente, talheres na mão, enquanto os demais conversavam. No mesmo dia, mais cedo, ele havia sido fotografado almoçando com sua equipe no self-service de um supermercado popular da cidade. Parecia bem mais à vontade.

Antes da viagem para Davos, os primeiros dias do governo já haviam sido marcados por tropeços, recuos e alguns desencontros do presidente com a economia. Só no dia 4 foram três de uma vez. Em uma entrevista concedida de improviso na Base Aérea de Brasília, Bolsonaro disse que o governo poderia aumentar o IOF para compensar a prorrogação de incentivos fiscais nas regiões Norte e Nordeste, e afirmou que o ministro Paulo Guedes anunciaria a possibilidade de reduzir o teto da tabela do Imposto de Renda de 27,5% para 25%. As declarações repercutiram de imediato. Horas depois, porém, o secretário especial da Receita Federal, Marcos Cintra, questionado, desmentiu o que dizia respeito ao IR. "[Bolsonaro] deve ter feito alguma confusão. Não vai haver alteração no Imposto de Renda." No final da tarde, Onyx Lorenzoni convocou uma coletiva para negar também o aumento do IOF. "Ele [o presidente] se equivocou", afirmou o ministro-chefe da Casa Civil. Na mesma entrevista que deu na Base Aérea, Bolsonaro colocou em dúvida um ponto sobre o acordo de fusão entre a Boeing e a Embraer, que naquele momento aguardava o aval do governo. À tarde, as ações da empresa nacional caíram 5%.

Mas nem a performance em Davos nem as evidências de que o presidente estava pouco familiarizado com os planos de sua equipe econômica foram suficientes para derrubar o otimismo entre os apoiadores do governo naquele primeiro mês. Havia sinais de que as coisas poderiam mudar para melhor. Um deles era Bolsonaro ter cumprido a promessa de campanha de não fatiar seu ministério entre partidos em troca de apoio no Congresso, prática que vigorou do governo Sarney ao governo Temer, passando pelos de Lula e Dilma. Dos 22 nomes escolhidos para compor o primeiro escalão, três estavam com o ex-capitão desde o início da campanha e já tinham vagas garantidas naquela época — não necessariamente as que acabaram por ocupar. Augusto Heleno, por exemplo, iria para a Defesa, mas optou pela Segurança Institucional, um dos ministérios "da casa" — sediado dentro do Palácio do Planalto, o general estaria mais próximo do presidente. O deputado Onyx Lorenzoni ganhou a chefia da Casa Civil. Ex-obscuro parlamentar do DEM, ele se destacou em 2016 ao relatar, e defender, a transformação em lei do projeto das 10 Medidas Contra a Corrupção apresentado pelo procurador Deltan Dallagnol, do Ministério Público Federal. Um ano antes, meia dúzia de parlamentares passou a se reunir em sua casa para pôr em pé o improvável projeto de fazer Jair Bolsonaro presidente. Alberto Fraga, Capitão Augusto e Major Olimpio, os precursores da turma, vinham de partidos diferentes, mas tinham em comum a bandeira do endurecimento do combate à criminalidade. O advogado Gustavo Bebianno, também aliado de primeira hora, ficou com a poderosa Secretaria-Geral da Presidência. Paulo Guedes já estava anunciado como titular da Economia desde novembro de 2017; o juiz Sergio Moro, estrela mais reluzente daquela constelação, anunciou que aceitara o convite do ex-capitão para ser seu ministro da Justiça quatro dias depois da vitória nas urnas. Os demais ministros tiveram padrinhos diversos — entre os quais o improviso e o acaso. Marcos Pontes, da pasta de Ciência, Tecnologia, Inovações e Comunicações, foi escolha pessoal de Bolsonaro, que nunca escondeu a admiração pelo "colega da Aeronáutica, colega astronauta e motivo de orgulho para o Brasil, que também esteve na Nasa".[3] Tarcísio Gomes de Freitas praticamente "caiu do céu", nas palavras de um ex-aliado do presidente. Desde janeiro de 2018, um grupo liderado pelos generais Oswaldo Ferreira e Augusto Heleno se reunia no apartamento de Ferreira, na Asa Norte em Brasília, para definir projetos para um futuro governo Bolsonaro. O grupo foi crescendo ao longo da campanha e absorvendo voluntários. Tarcísio Freitas, engenheiro e capitão do Exército, foi um deles. Conta o general Ferreira: "Ele foi lá e apresentou seu currículo de forma espontânea. Logo vimos que era alguém muito capaz", recorda-se. Quando o general, por motivos familiares, recusou o convite de Bolsonaro para assumir a pasta da Infraestrutura, lembrou-se logo de Freitas. Foi apoiado por Gustavo Bebianno, que havia pensado em aproveitar o engenheiro para cuidar do PPI — o Programa de Parcerias de Investimentos, tido como fundamental para resolver os gargalos estruturais do país —, mas abriu mão do nome ao saber que o programa ficaria sob responsabilidade de outra pasta. Se o improviso beneficiou Freitas, hoje das poucas unanimidades do governo, o acaso fez sua parte na escalação de Ernesto Araújo. O diplomata não seria ministro das Relações Exteriores de Bolsonaro se um dia não tivesse escrito o artigo "Trump e o Ocidente", publicado nos *Cadernos de Política Exterior* do Itamaraty. No texto, Araújo, então diretor do Departamento dos EUA, Canadá e Assuntos Interamericanos do Ministério das Relações Exteriores, sustentava que o presidente Donald Trump propunha uma "visão do Ocidente não baseada no capitalismo e na democracia liberal, mas na recuperação do passado simbólico [...] das nações ocidentais". No centro dessa visão, estaria "não uma doutrina econômica e política, mas o anseio por Deus, o Deus que age na história". Araújo ainda atacava o "marxismo cultural globalista", que, segundo ele, desejava "um mundo de pessoas 'de gênero fluido' e cosmopolitas sem pátria". O artigo chamou a atenção do jovem Filipe Martins, olavista formado em relações internacionais pela Universidade de Brasília e amigo de Eduardo Bolsonaro. Ao distribuir o texto num grupo de WhatsApp que incluía o presidente, Martins defendeu, e emplacou, o nome de Araújo para chanceler.

Tereza Cristina (Agricultura) e Luiz Henrique Mandetta (Saúde) foram indicações de Onyx Lorenzoni, em costura com as frentes parlamentares. Damares Alves (Mulher, Família e Direitos Humanos) teve mais de um patrono. Ainda na transição, o hoje deputado Julian Lemos, naquele tempo ligado ao grupo Direita Paraíba, sugeriu para a pasta o nome da pastora evangélica — ele a conhecera em 2015 em João Pessoa, quando ela era assessora do senador do PR — atual Partido Liberal, PL — Magno Malta (Malta não se reelegeu em 2018 e atualmente se dedica à carreira de cantor gospel). A favor da candidata, Lemos argumentou junto a Bolsonaro que "Damares, além de boa, tem uma filha índia". No início dos anos 2000, a pastora adotou informalmente uma menina, hoje com vinte anos, da tribo kamayurá. Flávio Bolsonaro já havia endossado o nome de Damares, mas, depois da vitória do ex-capitão, a pastora ganhou outro apoio importante no clã presidencial: a primeira-dama, a também evangélica Michelle, que a conhecera quando ambas eram funcionárias do Congresso. Michelle trabalhou na Câmara entre 2006 e 2008, período em que ocupou o cargo de secretária parlamentar nos gabinetes dos ex-deputados Vanderlei Assis (PP), Dr. Ubiali (PSB) e Jair Bolsonaro, com quem se casou em novembro de 2007.

Para Damares, portanto, padrinhos não faltaram. Já com o teólogo Ricardo Vélez Rodríguez deu-se o contrário. Ele assumiu o Ministério da Educação como afilhado político do professor de filosofia on-line Olavo de Carvalho e saiu renegado até por seu protetor. O presidente o demitiu em abril, depois de uma sucessão de trapalhadas que incluiu o pedido para que diretores de escolas filmassem os alunos cantando o Hino Nacional e recitando o lema de campanha de Bolsonaro — "Brasil acima de tudo, Deus acima de todos". Na ocasião, Olavo de Carvalho escreveu no Twitter: "Indiquei o professor Vélez para o ministério, mas ele NUNCA me pediu um conselho. Não tenho nada a ver com qualquer decisão dele". E poucos dias antes da degola do ex-apaniguado, postou: "Não vou lamentar se o botarem para fora".

Com o ministério montado, o governo se preparava para dar a largada. Os dias em janeiro eram de esperança, apesar dos solavancos. O círculo empresarial, sobretudo, se convencera de que a condução da economia estava em boas mãos e que o presidente iria dedicar-se à pauta de costumes que norteara sua campanha. Estava de bom tamanho. Mesmo porque os empresários nunca tiveram grandes ilusões quanto àquelas eleições. Haviam perdido a fé em Alckmin, tinham horror ao candidato de Lula e não confiavam em Ciro Gomes. Mas não escolheram Bolsonaro — era o que havia para o momento.

O mesmo raciocínio ocorreu aos militares.

"General Villas Bôas, o que já conversamos morrerá entre nós. O senhor é um dos responsáveis por eu estar aqui." Jair Bolsonaro assumira havia menos de 24 horas a Presidência da República quando fez essa declaração enigmática. Discursava no Clube do Exército, apinhado de gente. Num sinal do prestígio e do poder que os militares viriam a ter no governo a partir daquele momento, a cerimônia de posse do novo ministro da Defesa, Fernando Azevedo e Silva, foi a mais concorrida daquela semana em Brasília.

O comandante do Exército ouviu o discurso sentado em uma cadeira de rodas. A máscara de respiração artificial deixava seu nariz um pouco amassado. Três anos antes, ele havia sido diagnosticado com esclerose lateral amiotrófica (ELA), doença degenerativa que afeta o sistema nervoso central e gera progressiva fraqueza muscular. Essa condição foi determinante no episódio que, na visão de Bolsonaro, ajudou a alçá-lo à Presidência.

No começo de 2018, o assunto no Brasil era um só: a prisão do ex-presidente Lula. No dia 24 de janeiro daquele ano, o Tribunal Regional Federal da 4ª Região confirmou a sentença do juiz federal Sergio Moro e manteve a condenação do petista pelos crimes de corrupção passiva e lavagem de dinheiro. Condenado em segunda instância, portanto, Lula já poderia ter a sentença executada tão logo se esgotasse o prazo para um último e, neste caso, quase protocolar recurso, os embargos declaratórios. No dia 30 de janeiro, porém, a defesa do ex-presidente impetrou no STF pedido de habeas corpus preventivo para evitar sua prisão. Se o tribunal concedesse a medida, Lula — já declarado pré--candidato à Presidência da República — não apenas permaneceria em liberdade como poderia requerer o registro de sua candidatura.

A maior parte do alto oficialato do Exército tinha ojeriza à ideia de que o petista pudesse participar da campanha eleitoral. À medida que se aproximava a data do julgamento do habeas corpus, marcado para o dia 4 de abril, uma quarta-feira, as postagens dos militares nos grupos de WhatsApp iam subindo de tom. Generais próximos a Villas Bôas lhe repassavam impressões alarmantes sobre os ânimos na caserna e no Clube Militar — Heleno, que já apoiava Bolsonaro, era um de seus informantes. Entre os civis, multiplicavam-se nas redes os grupos que bradavam por "intervenção militar". Num único dia de março daquele ano, a conta oficial de WhatsApp do Exército ("Exército na Mídia", hoje desativada) chegou a receber perto de 20 mil mensagens, a maioria pedindo que os militares dessem "um jeito na situação do país".

As projeções sobre o resultado do julgamento mostravam um Supremo dividido. O nível de pressão sobre os magistrados e a polarização entre militantes petistas e antipetistas atingiu tal patamar que no dia 2 de abril a presidente da Corte, Cármen Lúcia, fez um pronunciamento em cadeia nacional de televisão para pedir "serenidade" à nação. Nas ruas, o ambiente era de conflagração. Manifestações contra e a favor de Lula estavam confirmadas para aquela quarta-feira em 150 cidades brasileiras.

Na manhã de terça, 3 de abril, aconteceu o que Villas Bôas temeu ser "a gota d'água que faltava". O general da reserva Luiz Gonzaga Schroeder Lessa declarou em entrevista ao jornal *O Estado de S. Paulo* que, se o STF decidisse por manter a liberdade do petista, só restaria "o recurso à reação armada". Neste caso, completou, iria haver "derramamento de sangue". O general Lessa já foi presidente do Clube Militar e faz parte da elite de generais que ocuparam o prestigioso posto de comandante da Amazônia, categoria a que também pertencem Villas Bôas e o ministro Augusto Heleno. Mesmo na reserva, Lessa era uma voz influente no Exército.

Quando Villas Bôas soube da declaração do general, levada a ele por seu chefe de Comunicação, Otávio do Rêgo Barros, decidiu que precisava "marcar posição". Embora julgasse "descabida" a profecia de Lessa, temeu que ela pudesse servir de ignição para um evento explosivo.

28

* * *

Naquela manhã, Villas Bôas reuniu seus principais generais: o chefe do Estado-Maior, Fernando Azevedo e Silva; o chefe de gabinete, Tomás Miné; o diretor do Centro de Inteligência, Ubiratan Poty; e Rêgo Barros. Convocou-os para que ajudassem a preparar o que, de início, seria um comunicado oficial e, mais tarde, se transformou num tuíte. O formato daria um caráter mais pessoal e menos institucional à mensagem. A ideia era evitar o transbordamento da tensão vinda do "ambiente externo" — expressão que, naquele momento, servia para designar os grupos pró-intervenção militar — e as "hordas de hunos que se alvoroçavam" nas franjas do Exército, como confidenciou à época um oficial do gabinete do comandante do Exército que acompanhava os humores da reserva.

Villas Bôas disse não ter informado nem mesmo o ministro da Defesa, Raul Jungmann, sobre a intenção de postar o tuíte, para não tornar seu superior imediato "corresponsável" pela ação. Ele diz que, salvo os integrantes do Alto-Comando, os únicos generais a quem perguntou se deveria ou não se manifestar foram Alberto Cardoso, seu amigo de longa data, e Augusto Heleno, ambos da reserva. Os dois foram favoráveis à iniciativa. "Seus subordinados estão esperando que você tome posição. É muito importante para o país", disse Heleno. Às 20h39 daquele mesmo dia, a versão final do texto preparado a dez mãos foi postada em dois tuítes na conta de Villas Bôas. Minutos depois, era lido por William Bonner no encerramento do *Jornal Nacional*.

"Nessa situação que vive o Brasil, resta perguntar às instituições e ao povo quem realmente está pensando no bem do País e das gerações futuras e quem está preocupado apenas com interesses pessoais?", dizia o primeiro tuíte.

O segundo completava: "Asseguro à Nação que o Exército Brasileiro julga compartilhar o anseio de todos os cidadãos de bem de repúdio à impunidade e de respeito à Constituição, à paz social e à Democracia, bem como se mantém atento às suas missões institucionais".

O termo "repúdio à impunidade" foi sugerido pelo general Tomás Miné e acabou dando o tom da mensagem. A repercussão foi imediata. As caixas de e-mail e contas de WhatsApp do comandante do Exército e de seu gabinete foram inundadas de mensagens de apoio de militares.

No meio civil, as opiniões se dividiram. Enquanto uns aplaudiam a iniciativa do comandante, outros farejavam um cheiro de pólvora. Muitos a leram como uma tentativa do Exército de intimidar o STF.[4] Uma das reações mais incisivas nesse sentido veio do ministro Celso de Mello. Incomodado com o que considerou ser uma reação tíbia por parte de Cármen Lúcia ao tuíte de Villas Bôas — a presidente do STF limitou-se a ler na abertura da sessão plenária mensagem em que ressaltou a independência e soberania da Corte —, o decano reclamou: "Se ninguém fala, eu tenho que falar".[5] Ao declarar seu voto, favorável à concessão do HC que beneficiaria Lula, ele criticou o que chamou de "insurgências de natureza pretoriana" — uma referência ao corpo de guarda dos imperadores romanos, célebre por sua participação em eventos decisivos da história do império, incluindo assassinatos de inimigos dos césares. Dois outros ministros da Corte, no entanto, manifestaram reservadamente seu apoio a Villas Bôas, um por telefone e outro pessoalmente.

À 00h48 do dia 5 de abril de 2018, depois de quase onze horas de sessão, por seis votos a cinco o STF decidiu negar o pedido de habeas corpus que poderia garantir a liberdade de Lula e seu registro como candidato à Presidência da República. Além de Celso de Mello, foram vencidos os ministros Gilmar Mendes, Dias Toffoli, Ricardo Lewandowski e Marco Aurélio Mello. Ao contrário do que sugeriu Bolsonaro em seu discurso no Clube do Exército, Villas Bôas afirma que nada teve a ver com o resultado e nunca alimentou a "pretensão de achar que algum ministro iria mudar seu voto por causa daquele texto". Sua intenção teria sido "marcar uma posição, marcar a posição do Exército em relação àquilo e buscar assim uma tranquilidade e uma pacificação". E o que de pior poderia ocorrer caso ele não escrevesse o tuíte? "O esvaziamento da minha autoridade", responde.

O general tinha um receio secreto. Ele temia que a grita por "intervenção militar" estimulasse algum tipo de ação por oficiais da ala mais insatisfeita da reserva. A hipótese, combinada à fragilidade de sua saúde, poderia produzir uma faísca de potencial nuclear. Villas Bôas estava ciente de que entre um grupo de generais do Exército corria um murmúrio de que seu comandante não resistiria a um exame médico. A doença do general atingira os neurônios motores inferiores, que controlam a atividade muscular da boca, garganta, língua e diafragma, além do movimento voluntário dos braços, pernas, tronco e pescoço. Em 2017, Villas Bôas, já tendo perdido a mobilidade dos membros superiores e inferiores, passou a ir ao quartel em cadeira de rodas e precisava de ajuda para se alimentar. No começo de 2018, mesmo durante o dia não podia abrir mão da máscara de respiração artificial, que usava inclusive em aparições públicas. Era uma situação inédita nas Forças Armadas. À frente de 215 mil homens para os quais a força e a resistência física são parte do instrumental de trabalho, o chefe do Exército era incapaz de respirar sozinho ou tomar um café sem que alguém lhe levasse a xícara à boca.

Oito meses antes do julgamento do habeas corpus de Lula, Villas Bôas havia protagonizado um episódio respeitosamente mantido em sigilo por quem o presenciou.

No dia 25 de agosto de 2017, o comandante recebia convidados no Quartel-General do Exército, em Brasília, para uma cerimônia em comemoração ao Dia do Soldado. Ele já tinha o diagnóstico da doença, mas os sintomas ainda estavam sob controle. Quando a cerimônia estava para terminar e ele se levantava da cadeira, suas pernas não lhe obedeceram e ele caiu para trás. Assessores acorreram e o sentaram novamente. Naquele momento, diante de convidados e de uma centena de comandados, Villas Bôas pôs as mãos no rosto e chorou. Só não renunciou no dia seguinte porque o general Sérgio Etchegoyen, seu amigo de infância e chefe do Gabinete de Segurança Institucional do governo Temer, o demoveu da ideia. O general nunca disse com todas as letras, mas havia outra mensagem implícita em seu tuíte: a de que o comandante do Exército podia estar numa cadeira de rodas, mas ainda era o comandante do Exército.

* * *

"O que será que Bolsonaro e Villas Bôas conversaram e vai 'morrer' entre eles?", escreveu a senadora Gleisi Hoffmann em sua conta no Twitter depois do discurso do presidente. "O que o general fez para garantir essa eleição?", ela perguntou. Na postagem, a presidente do PT ainda sugeria que a conversa entre o comandante do Exército e o agora presidente da República fazia parte de um movimento de "ataque a Lula e à democracia". Aquilo "não pode ficar sem explicações", ela escreveu.

Villas Bôas foi nomeado assessor especial do Gabinete de Segurança Institucional do governo Bolsonaro em janeiro. Até o princípio de setembro, quando o agravamento de sua saúde o obrigou a espaçar as idas ao palácio, o general costumava chegar diariamente às 14h30. Nesse período, todas as vezes que lhe perguntavam sobre o diálogo ao qual Bolsonaro aludira, sua resposta era a mesma: ele não sabia a que conversa o presidente se referiu. Repetia que encontrara Bolsonaro apenas "três ou quatro vezes" entre o início da campanha eleitoral e a eleição, e em nenhuma delas eles haviam ficado a sós: "Eu não sei a que conversa ele [o presidente] se referiu e nunca lhe perguntei. Penso que o que pode ter havido é que, em algum desses encontros, eu disse algo que não pareceu relevante para mim, mas que por algum motivo soou importante para ele".

Segundo Villas Bôas, uma vez Bolsonaro o procurou para sondar o que o Exército pensava de sua candidatura. O general o apaziguou: "Afirmei que não havia nenhum risco de quebra da ordem constitucional. Ele pareceu ter ficado tranquilo com a minha resposta". Mas o que temia o ex-capitão? Que o Exército impedisse sua posse? Villas Bôas achava mais provável que o deputado "estivesse receoso" de que ele, no posto de comandante do Exército, fizesse algum pronunciamento contra seu nome.

Bolsonaro tinha um motivo pontual e outro histórico para suspeitar que isso pudesse ocorrer.

Faltavam cinco meses para as eleições presidenciais de 2018 quando Villas Bôas foi a São Paulo para a cerimônia de posse do novo comandante militar do Sudeste, o atual ministro Luiz Eduardo Ramos. O deputado e candidato à Presidência Jair Bolsonaro estava no mesmo palanque quando o comandante do Exército discursou: "São Paulo, que liderou o processo de modernização do país a partir de 1932, deve ao Brasil assumir novamente a liderança e o protagonismo de um processo de resgate".

Bolsonaro, cuja base eleitoral está no Rio, nem sequer teve a presença mencionada pelo comandante. Hoje, Villas Bôas diz que havia outros parlamentares na cerimônia e, como ele não tinha recebido de sua assessoria a lista dos nomes, preferiu não citar nenhum.

O atual presidente, a exemplo de muita gente à época, interpretou o discurso do comandante como um apoio explícito à candidatura de Geraldo Alckmin, seu concorrente. Villas Bôas nega: queria apenas "agradar o pessoal de São Paulo". Bolsonaro não engoliu a desculpa. E esse seria o motivo — pontual — que o fazia suspeitar que o comandante do Exército não aceitava sua candidatura. O ex-capitão receava que Villas Bôas pudesse "queimar" seu nome na instituição.

* * *

Havia ainda uma razão histórica para que os generais não morressem de amores por Bolsonaro. Numa instituição que preza a hierarquia e a disciplina como valores essenciais, ele havia rompido com uma e outra. Em 1987, a revista *Veja* revelou que Bolsonaro, ainda na ativa, havia liderado um plano para instalar bombas na Escola de Aperfeiçoamento de Oficiais, a ESAO. O objetivo era pressionar o comando da Força a brigar por um aumento de soldo para os praças. O então capitão foi processado, acabou absolvido em um julgamento até hoje contestado, mas não se livrou da desconfiança de seus superiores. A imagem de militar indisciplinado e refratário à ordem hierárquica persistiria por muito tempo — e ele mesmo cuidaria de lustrá-la em outras ocasiões.[6] Para se livrar da ameaça de expulsão do Exército — desonra suprema que, mesmo depois da absolvição, continuou pairando sobre sua cabeça —, ele aceitou pedir para sair.

Como alternativa de sobrevivência, o ex-oficial pensou em se candidatar a vereador pelo Rio. Seria uma forma de capitalizar a notoriedade obtida com a revelação de *Veja* e a popularidade conquistada entre os praças depois do artigo que escreveu em defesa do aumento do soldo dos militares, publicado na mesma revista treze meses antes da reportagem sobre as bombas. Se perdesse a eleição, Bolsonaro iria ganhar a vida limpando cascos de navios — como militar, fizera, entre outros cursos, o de mergulhador profissional. No Exército não havia mais clima para ele.

Foi eleito vereador em novembro de 1988, com 11 mil

votos, e passou dois anos na Câmara Municipal do Rio de Janeiro lambendo selos — lá, sua atividade mais frequente era o envio de correspondência aos eleitores. Como aconteceria nos anos seguintes na Câmara Federal, mostrou-se um legislador anódino. Não participava da vida política da Casa, não se empenhou em aprovar nenhum projeto importante nem integrou comissões relevantes. Se na pauta do dia houvesse algum assunto de seu restrito leque de interesses — efemérides da história militar e questões afeitas à categoria —, ele fazia um discurso. Se não, chegava, votava e se enfiava em seu gabinete, onde se dedicava a ler os jornais à procura de notícias sobre militares mortos. Quando achava algum, localizava sua família e enviava uma carta de condolências à viúva. Assumiu uma cadeira na Câmara Federal dois anos depois de ser eleito vereador.

Desde o episódio das bombas na ESAO, Bolsonaro virou persona non grata no Exército.[7] À rejeição da instituição em que havia sido forjado, o ex-capitão respondeu como de hábito: forçando o pé na porta. Proibido de entrar em quartéis ou de participar de festas militares, traçava estratégias para provocar os generais, como conta o ex-assessor Waldir Ferraz, o Jacaré, a quem em abril de 2019 o presidente agraciou com a comenda da Ordem do Rio Branco. "A gente ia às quatro da manhã para o prédio da Praia Vermelha, onde só tem oficiais superiores, de major para cima", diz o ex-assessor. "Furávamos o bloqueio da guarita e subíamos a pé os doze andares para colocar panfletos debaixo da porta deles. Era para provocar mesmo, bater de frente." Bolsonaro protestava por aumentos salariais, pelo passe livre para os soldados nos ônibus e contra os maus-tratos que alegava sofrerem os praças. "Soldados, cabos e sargentos não são tratados como seres humanos", dizia o ex-capitão.[8]

Em outubro de 1991, o Comando de Operações Terrestres proibiu formalmente a entrada do deputado federal Jair Bolsonaro em qualquer dependência militar do Rio de Janeiro, sob o argumento de que ele era "má influência" para os soldados. Na época, o ministro do Exército era o general Carlos Tinoco, a quem Bolsonaro chamava de "banana".[9] Um ano depois, quando panfletava de dentro de seu Chevette azul em frente à Academia Militar das Agulhas Negras, em Resende, no Rio, o deputado recebeu ordens do comandante da escola para que se retirasse do local. Respondeu que de lá não sairia, já que estava fora do quartel e não dentro. O comandante mandou guinchar o carro. Bolsonaro permaneceu sentado no capô até o caminhão arrastar o veículo para longe.[10]

Em abril de 1992, o ex-capitão organizou em Brasília uma "marcha de esposas" dos militares, já que a lei proíbe manifestações por parte de integrantes das Forças Armadas. Era um movimento em prol do aumento salarial para a categoria e da continuidade do pagamento de pensão a filhas solteiras de militares mortos. A manifestação reuniu cerca de seiscentas mulheres e crianças e reforçou a simpatia que o baixo escalão da Força já nutria por Bolsonaro. Mais tarde, com a natural saída de cena dos generais com quem havia batido de frente, o "capitão da bomba", como era chamado, foi encontrando um ambiente menos hostil também na área do alto oficialato.[11]

Mas foi só em 2011, no sexto mandato como deputado federal, que um evento selou as pazes entre ele e a instituição que o escorraçou. Naquele ano, o governo Dilma Rousseff anunciou a intenção de criar a Comissão Nacional da Verdade, destinada a apurar violações de direitos humanos cometidos durante a ditadura. O projeto mexeu com o brio dos militares. Para eles, tratava-se de uma tentativa de vingança perpetrada contra a categoria por um governo de esquerda. Da Câmara dos Deputados, Bolsonaro passou a gritar com gosto o que os militares da ativa ruminavam em silêncio. Durante os meses que antecederam a instalação da comissão, em maio de 2012, ela se tornou um dos assuntos preferidos do parlamentar. De quinhentas notas taquigráficas reunidas no Congresso entre 2010 e 2018 com suas falas, 56 continham ataques à ideia.[12] A atuação do deputado no episódio o uniu aos generais. Agora eles tinham um inimigo comum, o PT.

Augusto Heleno foi o primeiro general quatro estrelas a endossar publicamente a candidatura de Bolsonaro. Eles se conheceram nos anos 1970 na Academia Militar das Agulhas Negras, escola de ensino superior do Exército. Heleno era instrutor da instituição; Bolsonaro, seu cadete nas aulas de pentatlo militar, o treino atlético que, no Exército, é composto de cinco provas: tiro, natação, corrida em campo, lançamento de granadas e corrida em pista com obstáculos. O gosto pelo atletismo, o ódio à esquerda e o estilo irreverente os aproximaram. O dois nunca perderam o contato nos anos seguintes.

Em 2016, quando Heleno já estava na reserva e trabalhava no Comitê Olímpico Brasileiro, Bolsonaro, acompanhado do filho Eduardo, o convidou para almoçar num restaurante na Barra da Tijuca. Pediram camarão grelhado com gergelim, "um prato que dá pra dividir por três", como lembra Heleno. Assim como seu ex-cadete, o general é conhecido pela sovinice. No almoço, Bolsonaro contou--lhe que pensava se candidatar à Presidência da República. "O Bolsonaro perguntou daquele jeito dele: 'O senhor acha que eu estou maluco? Hahahahaha'." Não, o militar não achava que ele estivesse maluco, apenas que enfrentaria uma barra pesada. Havia muitos candidatos fortes e com dinheiro naquela eleição. Bolsonaro não tinha "um gato para puxar pelo rabo", na expressão usada pelo general. O ex-capitão explicou sua estratégia ("90% da campanha pelas redes sociais") e sua intenção ("varrer os petistas do mapa"). Heleno ouviu e, naquele dia, deu ao ex-subordinado um único conselho: "Tem esse pessoal da intervenção militar. Você não pode ficar junto deles. Foge desse troço, é o caminho para se arrebentar".

Heleno tem dois traços que o distinguem como militar. No currículo, é um raro "tríplice coroado", o que significa que foi o primeiro aluno nos três principais cursos por que passa um general — da Aman, da ESAO e do Estado-Maior — e por isso é admirado e respeitado pelos colegas. No aspecto do comportamento, destoa da sobriedade da caserna pelas tiradas de humor pontuadas por palavrões cabeludos e imunes à formalidade dos ritos. Integrantes do Itamaraty, por exemplo, conheceram essa sua característica já na fase dos preparativos para a posse de Bolsonaro, que envolveram a recepção a dignitários como o primeiro-ministro de Israel, Benjamin Netanyahu. Às vésperas da chegada do premiê ao Brasil, Heleno foi informado de que a responsável pela comitiva de Netanyahu queria desembarcar no país dois contêineres com seis toneladas de "equipamentos de segurança" a serem instalados ao longo da Esplanada dos Ministérios e nas imediações do Palácio do Planalto. O general entendeu logo do que se tratava — instrumentos de detecção, bloqueio e interceptação de informações, destinados a proteger de atentados o visadíssimo premiê israelense. Ocorre que, na visão do militar, a aceitação do pedido implicava um risco inaceitável: os equipamentos poderiam interceptar diálogos de autoridades locais, como ministros de Estado e membros do STF. O diplomata quis saber do general o que responder à chefe da comitiva do premiê. Ao lado do general Sérgio Etchegoyen, então ministro do GSI, Gabinete de Segurança Institucional, a quem viria a suceder, Heleno perguntou ao funcionário do Itamaraty: "Tu fala hebraico?". Diante da negativa do diplomata, ele sugeriu: "Então vê no Google como se diz 'vai tomar no cu' e diz isso pra ela".

Augusto Heleno tem pouca paciência para protocolos e um prazer quase juvenil em escandalizar. Na cerimônia de posse do general Luiz Eduardo Ramos, por exemplo, quando o novo ministro da Secretaria de Governo citou em seu discurso uma passagem bíblica para ilustrar a dimensão do desafio que assumia, Heleno cochichou para o convidado ao lado: "Era mais fácil ele dizer que pomba que come pedra sabe o cu que tem". O interlocutor do general reprimiu um ataque de riso. Heleno se manteve impassível. Por vezes ele escapa no meio da tarde para um compromisso desconhecido até mesmo de seu chefe de gabinete, que só nota sua

40

ausência quando vai procurá-lo e encontra a sala vazia (o gabinete de Heleno tem três portas: uma dá para a sala do chefe de gabinete; outra, para a recepção onde o aguardam visitantes; uma terceira abre-se para o corredor de saída, que é por onde o general sai sem ser visto).

Embora goste de dizer que os militares são "o Poder Moderador" do governo Bolsonaro, Augusto Heleno já esteve do lado mais radical da história. Em 1977, o então ministro do Exército, Sílvio Frota, maior expoente da linha dura do regime militar, tentou emparedar o presidente Ernesto Geisel, a quem pretendia suceder e criticava por ser de "centro--esquerda". O embate entre o ministro do Exército e o presidente se arrastou até o dia 12 de outubro, quando Geisel exonerou Frota do comando do Exército. Temeroso de um levante por aqueles que apoiavam o comandante demitido, o presidente logo em seguida mandou chamar os generais quatro estrelas para uma reunião de emergência no palácio. Frota, por seu lado, fez o mesmo: assim que ouviu de Geisel que não era mais o chefe do Exército, telefonou a todos os comandantes militares de área, informando-os da sua demissão e convocando-os para uma reunião no Quartel-General da Força. O primeiro a receber a ligação foi o general Fernando Belfort Bethlem, comandante militar do Sul. Quem discou seu número, ainda de um aparelho instalado dentro do carro do comandante, foi o jovem capitão Augusto Heleno Ribeiro Pereira, então ajudante de ordens de Frota.

O lance final do embate entre Geisel e Frota ocorreu no aeroporto de Brasília. O presidente enviou até o local uma turma de oficiais do Gabinete Militar com o objetivo de receber — e escoltar até o palácio — os generais que lá

41

desembarcavam a seu pedido. Já Frota mobilizou uma tropa de doze homens cuja missão era desviar os recém-chegados para um encontro com ele no QG do Exército. A tropa de Frota era liderada pelo então tenente-coronel Carlos Alberto Brilhante Ustra. Com ele estavam também o notório major Curió, nome mais conhecido do grupo que havia pouco matara sessenta guerrilheiros do PCdoB nas matas do Pará.[13] Ao final, a turma de Frota foi vencida. Os generais desembarcados ignoraram a abordagem dos mensageiros do comandante demitido e seguiram para o Planalto, leais a Geisel.[14] "O único que foi para o QG encontrar o Frota foi Carlos Alberto Cabral Ribeiro, que era muito amigo dele", lembra Heleno.

O ministro só tem palavras de admiração para o ex--comandante do Exército que entrou para a história como o general que ficou à direita de Geisel e cuja derrota pavimentou o caminho para o início do processo de abertura política e a promulgação da Lei da Anistia. "O Frota era de uma correção absoluta. Disse que só não aceitaria que publicassem que sua demissão tinha se dado por motivos administrativos. Quis deixar claro que o motivo foi político." No dia 18 de outubro, o *Diário Oficial da União* registrou que o capitão Heleno e mais de cem oficiais do gabinete de Frota haviam sido exonerados e retirados de Brasília. Heleno minimiza sua participação nos episódios. "Eu era muito jovem naquela época. Um capitão, um zé-mané", afirma.

O general já era mais maduro quando, em 2008, numa palestra no Clube Militar, no Rio, chamou de "caótica" a política indigenista do governo Lula. Então comandante militar da Amazônia, ele era contra a homologação da reserva Raposa Serra do Sol, em Roraima. A inclusão de uma faixa da fronteira norte do país, ele dizia, representava uma ameaça à soberania nacional. Ao criticar em público a posição do governo Lula, Heleno perdeu a chance de ser cogitado para chefiar o Exército, posto então ao alcance de seu currículo. Devolvido para Brasília, o general — que foi o primeiro comandante da Missão das Nações Unidas para a Estabilização no Haiti — ficou incumbido de dirigir o Departamento de Ciência e Tecnologia do Exército, o que significou para ele um castigo. "Detestava aquilo", diz.

Heleno tem opiniões incisivas sobre quase tudo e não se furta a expressá-las. Não gosta do PT, não gosta de Lula, não gosta de Fernando Henrique Cardoso. Dilma Rousseff lhe causa náuseas ("Preciso tomar um Plasil antes de falar dela", diz).

Na reta final da campanha de Bolsonaro, as convicções e a espontaneidade do general não pouparam nem mesmo o candidato a quem ele servia. No dia 10 de agosto de 2018, o empresário Fabio Wajngarten, hoje chefe da Secretaria de Comunicação Social do governo, reuniu em sua cobertura no bairro dos Jardins, em São Paulo, 62 empresários para ouvir as propostas de Bolsonaro.[15] Em julho, o candidato já havia se reunido com pesos pesados como Candido Bracher (Itaú Unibanco), David Feffer (Suzano), José Roberto Ermírio de Moraes (Votorantim), Pedro Wongtschowski (Grupo Ultra) e Marcelo Martins (Cosan). A reunião fora organizada por Abilio Diniz (Carrefour).

Como da vez anterior, o café da manhã na casa de Wajngarten foi cercado de discrição, já que alguns dos presentes eram visceralmente contra Lula; eles percebiam a ascensão de Bolsonaro mas não queriam seus nomes associados ao candidato do PSL — ainda. Foram poucos os que não se opuseram a ter suas presenças divulgadas, entre eles Luciano Hang (Havan), Meyer Nigri (Tecnisa), Flávio Rocha (Riachuelo), Sebastião Bomfim (Centauro), Bráulio Bacchi (Artefacto) e José Salim Mattar (Localiza).

Bolsonaro começou a falar aos empresários às nove horas. A primeira parte da apresentação durou pouco mais de meia hora. Sem se aprofundar nos tópicos, mencionou seu compromisso com as reformas liberais, a necessidade de desburocratizar o Estado e a decisão de "não atrapalhar o investimento privado". No intervalo para o café, alguns presentes foram até o terraço da cobertura, separado da sala por uma porta de vidro. Lá encontraram um jardim, uma piscina rodeada de espreguiçadeiras e uma área para churrasco, também equipada com um forno de barro.

Sentado em uma das cadeiras em volta da piscina, Heleno falava ao celular quando o intervalo terminou. Os convidados voltaram para a sala e a porta de vidro que dava para o terraço foi fechada. Pensando estar sozinho, o general continuou ao telefone. E passou a relatar ao interlocutor sua impressão sobre a performance do candidato diante dos empresários. Seu relato, mais do que crítico, foi francamente negativo. Heleno não percebeu que atrás da churrasqueira ainda havia alguém — um homem que, surpreso com os termos usados pelo general, passou a filmá-lo com seu celular. Na gravação, referindo-se ao ex-capitão, Heleno diz, entre outras coisas: "O cara não sabe nada, pô! É um despreparado".

O vídeo chegou a Bolsonaro, que ensaiou pedir explicações ao general. Dias depois, no entanto, quando lhe perguntaram sobre o assunto, respondeu: "Deixa o velhinho pra lá". E nunca mais tocou no tema. Quem testemunhou o episódio afirma que ele ficou mais embaraçado do que furioso ao saber que o militar o achava "despreparado". Mais tarde, a relação do presidente com os generais de seu governo sofreria solavancos piores.

A bancada do Jair

Gustavo Bebianno chorava feito criança, com a cabeça afundada no ombro do coronel José Mateus Teixeira Ribeiro. De pé ao lado dos dois, o ministro Onyx Lorenzoni tentava conter as lágrimas. Ele acabara de informar Bebianno que o presidente Bolsonaro havia decidido demiti--lo. De sua cadeira de rodas, o general Villas Bôas observava a cena consternado. O grupo estava no salão do quarto andar do Palácio do Planalto, apelidado de "praia" por causa da bela vista que oferece. Uma ampla janela de vidro que se estende do teto ao piso percorre o espaço retangular de ponta a ponta. Do centro, avistam-se a estátua da Justiça e o prédio do Supremo Tribunal Federal. Da extremidade direita, veem-se as palmeiras que delimitam o início da Esplanada dos Ministérios. Bebianno estava nesse canto, de costas para o janelão. Nunca havia lhe passado pela cabeça que não completaria dois meses no cargo de ministro da Secretaria-Geral da Presidência. E muito menos que o sonho acalentado desde 2017 fosse terminar dessa forma. Bebianno se aproximara de Jair Bolsonaro como fã. O advogado formado pela PUC do Rio de Janeiro, com passagem por um dos mais renomados escritórios de advocacia do país, o Sérgio Bermudes, considerava o pré-candidato à Presidência diferente de todos os outros. "É um patriota", dizia. Ele conta que passou a admirar o então deputado em 2008, depois de tê-lo visto elogiar o colega Clodovil Hernandes. O estilista, que morreu no ano seguinte, foi o primeiro deputado federal brasileiro a se declarar homossexual. Clodovil estava no primeiro ano de mandato quando fez um discurso da tribuna em que falava da sua intenção de ajudar a mudar o Brasil e dizia, entre outras coisas, que lhe faltava conhecimento para participar de alguns debates na Casa. Quando terminou, Bolsonaro, no plenário, pediu a palavra: "O Brasil [e] este Congresso mostrariam força para poder mudar nosso país se agissem um pouco mais com inocência, com pureza, com alma de criança do que com alma de velhas raposas".[16] Bebianno lembra: "Vi ali que ele não podia ser aquilo que diziam que era. Homofóbico e tudo mais".

Em 2014, o advogado passou a enviar e-mails para o gabinete de Bolsonaro, elogiando, entre outras coisas, suas críticas aos petistas — em especial à presidente Dilma Rousseff. Nunca recebeu resposta. Em 2017, soube pelo empresário e amigo Carlos Favoreto que o ex-capitão estaria num estúdio de fotos no Rio de Janeiro para produzir uma peça de campanha. Foi até lá e se apresentou. Semanas mais tarde, Favoreto lhe disse que Bolsonaro estaria no Campo de

Golfe Olímpico da Barra. Bebianno resolveu encontrá-lo novamente, só que dessa vez tomou o cuidado de imprimir todos os e-mails que havia lhe mandado ao longo dos anos — um testemunho da longevidade de sua admiração. No encontro, disse ao deputado que poderia ajudá-lo no processo do STF movido contra ele pela deputada do PT Maria do Rosário por incitação ao estupro. A partir daí, foi ganhando a confiança do candidato, a quem chama até hoje de "senhor" e "capitão". Bebianno pagava do próprio bolso as despesas com passagens aéreas e hospedagem para ir do Rio a Brasília. Quando as viagens começaram a ficar muito frequentes, Bolsonaro convidou-o para dormir em seu apartamento, poupando-o do gasto com o hotel. Julian Lemos, empresário da Paraíba que também havia se apresentado como voluntário na campanha, já ocupava um colchonete na sala. O apartamento de Bolsonaro, comprado em 2000 por 75 mil reais, fica no Setor Sudoeste do Distrito Federal. Tem dois quartos e 69 metros quadrados. O piso da sala, estufado pela umidade e má colocação das lajotas, estava arrebentado em vários pontos, o que obrigava Bebianno e Lemos a dormir em seus colchonetes sobre o cimento bruto do chão. Naquela época, Carlos, quando ia visitar o pai, ficava no apartamento do então chefe de gabinete do deputado, o capitão Jorge Francisco, morto em abril de 2018.

Desde aquele período, a relação de Carlos com Bebianno era tensa — e a razão era o "ciúme doentio" que, segundo o ex-ministro, o filho nutre por quem quer que se aproxime do ex-capitão. A convivência entre o Zero Dois e o advogado que virou a sombra de Bolsonaro piorou conforme a campanha avançava. Se Carlos ficava sabendo que Bebianno discordava dele sobre alguma decisão estratégica — comparecer ou não a determinado debate, por exemplo —, passava a hostilizá-lo à sua maneira. O que significa cumprimentar todo mundo em determinado grupo e não estender a mão a quem ele não gosta, ou sair de um ambiente assim que a pessoa entra — não sem antes bater a porta com força, como fazia no caso de Bebianno, que por diversas vezes tentou se aproximar dele. "Eu tenho dificuldade de ler você, Carlos. Tenho dificuldade de me relacionar com você. Deixa eu entender qual foi o seu raciocínio", ele dizia. Nesses momentos o filho do chefe se mostrava desarmado. Coçava a cabeça e retrucava em tom de desculpa que era assim mesmo, tinha altos e baixos. Logo depois, porém, voltava à carga.

No dia em que Bolsonaro recebeu autorização médica para voltar ao Rio de Janeiro, depois de 23 dias internado em São Paulo para se recuperar das cirurgias decorrentes do atentado que sofreu em setembro, Carlos chamou o chefe da segurança da equipe de campanha e o encarregou de dizer a Bebianno que não havia espaço para ele no carro que levaria o candidato ao Aeroporto de Congonhas. Enquanto o advogado argumentava com o segurança, Carlos gritou de dentro do carro: "Vai de Uber!".

No dia 4 de fevereiro de 2019, o jornal *Folha de S.Paulo* revelou que durante a campanha eleitoral o recém-nomeado ministro do Turismo, Marcelo Álvaro Antônio, tinha desviado verba pública destinada ao partido. Álvaro Antônio era presidente do PSL em Minas Gerais e, segundo o jornal, usou a cota de gênero para reforçar o próprio cofrinho de campanha. A lei nº 9504, criada em 1997 com vistas a aumentar a participação feminina na política, exige que ao menos 30% das candidaturas e do fundo partidário sejam designados a mulheres. O presidente do PSL mineiro, ele mesmo concorrente a uma vaga na Câmara, selecionou quatro candidatas que receberam, juntas, 279 mil reais — parte dos quais teve como destino quatro empresas em nome de assessores, parentes ou sócios de assessores do ministro, conforme apurou a *Folha*. No dia 10, o mesmo jornal estendeu a denúncia de uso de candidatas laranja ao diretório de Pernambuco, domínio de Luciano Bivar, fundador do PSL. Os dois casos passaram a ser investigados pela Polícia Federal.

Como presidente nacional da sigla à época das eleições, cabia a Bebianno planejar a distribuição de recursos aos diretórios estaduais — mas competia a estes escolher quais candidatos receberiam o dinheiro. Quando o escândalo do "laranjal do PSL" veio à tona, a discussão sobre as responsabilidades no caso acabou atropelada por outra mais prosaica.

Na ocasião, Bolsonaro estava internado no Hospital Albert Einstein, em São Paulo, para retirar a bolsa de colostomia que usava desde a primeira cirurgia após o atentado em Juiz de Fora. Em Brasília, Bebianno se via às voltas com os rumores de sua queda iminente. Na terça-feira, dia 12 de fevereiro, em entrevista ao jornal *O Globo*, à pergunta sobre a crise que protagonizava no governo, o ministro respondeu: "Não existe crise nenhuma. Só hoje falei três vezes com o

51

presidente". A frase, de zero potencial explosivo, deflagrou um terremoto político que culminou na primeira baixa do governo Bolsonaro.

No dia seguinte à declaração aparentemente inócua de Bebianno, Carlos Bolsonaro tuitou que era "mentira absoluta" que o ministro havia conversado três vezes com seu pai. O qual retuitou o texto do filho e, numa conversa com Bebianno que seria vazada pelo ministro mais tarde, afirmou que Carlos dizia a verdade quando afirmava que ele e o assessor não haviam conversado três vezes naquele dia — e de nada adiantou o argumento do ministro de que as conversas a que havia se referido tinham ocorrido por WhatsApp. No dia 18 de fevereiro, seis dias depois de permanecer ardendo em praça pública, Bebianno recebeu a notícia de sua demissão. Era seu 47º dia como ministro.

Dias depois da saída, Bebianno escreveu uma longa carta a Bolsonaro, mas não a entregou. Pediu que o ator Carlos Vereza fosse o fiel depositário dela.

Bebianno e Vereza são espíritas e se conheceram durante a campanha — o ator apoiou publicamente a candidatura do ex-capitão. Mas a relação entre os dois nunca havia ido além da troca de cordialidades. Em janeiro, porém, logo no começo do governo, Vereza telefonou para Bebianno e disse que precisava ter uma conversa pessoal e importante com ele.

O ministro recebeu o ator em seu gabinete no dia 15 daquele mês. "O Vereza comprou uma passagem e veio a Brasília com a única finalidade de falar comigo. Sentou-se na minha frente e disse: 'Sei que às vezes você se cansa de tudo e tem vontade de ir embora, mas você tem uma

52

missão a cumprir. Não saia do lado dele'." Desde então, Bebianno diz considerar o ator um homem de "grande sensibilidade espiritual". Daí ter deixado a cargo dele a decisão de escolher o momento para entregar a carta ao presidente. "Ele saberá quando o Jair estará preparado para lê-la", disse.

Na mensagem que escreveu a Bolsonaro, Bebianno comenta a relação entre o presidente e seu filho. Diz que "nada se constrói com ódio" e que o ex-capitão "ensinou o Carlos a ter muito ódio". Talvez por isso "se sinta culpado". Acrescenta que uma grande lição que ele ainda pode dar ao filho, "a todos nós e até ao senhor mesmo", é exercitar uma "difícil demonstração de amor". Essa "demonstração de amor" consistiria em perdoar publicamente Adélio Bispo de Oliveira, o autor do atentado contra Bolsonaro.

Pouco antes de ter a demissão confirmada, Bebianno foi chamado ao gabinete do presidente. Ouviu do ministro que aquela seria uma "reunião conciliatória". Sua fritura havia entrado no sexto dia. Além de Lorenzoni, estavam na sala o vice, Hamilton Mourão, o general Augusto Heleno, o major e futuro ministro Jorge Antônio Francisco, então subchefe de assuntos jurídicos da Casa Civil, e o assessor especial da Presidência Célio Faria Júnior. Bolsonaro, sentado em sua poltrona, tinha o semblante paralisado e os olhos fixos na parede ao fundo da sala. Atrás dele, postado de pé em pose de segurança, estava um militar do GSI.

Bebianno começou a conversa com uma queixa. "Estou sendo achincalhado nas redes sociais com o apoio do senhor", disse ao presidente. Sem olhar para o interlocutor, Bolsonaro murmurou algumas frases irritadas e foi subindo de tom, até que, fitando pela primeira vez o ministro nos olhos, disse-lhe raivoso: "Você tramou contra o Flávio". Bebianno respondeu que não sabia do que o ex-capitão estava falando.

Nesse momento, para perplexidade da maioria dos presentes, o presidente disse que Bebianno havia tentado se aproveitar do caso Queiroz para que Flávio perdesse o mandato de senador em favor do empresário Paulo Marinho. Marinho, amigo de Bebianno, fora por ele indicado para ocupar a vaga de primeiro suplente de Flávio no Senado. Mourão e Heleno escutaram a acusação de olhos arregalados. Bebianno ficou estarrecido.

A discussão prosseguiu cada vez mais acalorada, até que Bolsonaro disse para Lorenzoni: "Vamos acabar com isso logo, põe ele naquele lugar de uma vez". Constrangido, Lorenzoni dirigiu-se a Bebianno: "Pensamos que seria bom você dar um tempo na direção de Itaipu. O salário é bom, um pau e meio por ano" (o salário mensal do diretor-geral brasileiro da Itaipu Binacional, divulgado em 2017, era de 69 656 reais, o que daria, na verdade, 835 mil reais por ano, não incluídos bonificações e benefícios). Indignado, Bebianno virou-se para Bolsonaro e perguntou-lhe se achava mesmo que ele fizera tudo o que fizera "para ganhar dinheiro". A partir daí os ânimos se exaltaram a ponto de os presentes precisarem interferir. Bebianno deixou a sala e minutos depois Lorenzoni foi comunicar a ele que o presidente havia decidido demiti-lo.

Bebianno foi quem costurou a entrada de Bolsonaro no PSL. O processo da escolha do partido pelo qual o ex-capitão do Exército concorreria à Presidência foi uma mostra contundente do estilo Bolsonaro de tomar decisões: quando ele não resolve de supetão, pode demorar a fazer escolhas. Quando afinal opta por um caminho, pode mudar de rumo em seguida, para logo depois retornar ao ponto inicial — e mais para a frente dar uma guinada e terminar onde ninguém imaginava que ele fosse parar. Em junho de 2017, Bolsonaro anunciou que deixaria o PSC, ao qual se filiara havia um ano. Nas eleições municipais de 2016, ele já havia se irritado com a sigla — a sétima que o abrigava em sua carreira parlamentar — por ela ter feito coligações com o PCdoB, defensor do casamento gay e da descriminalização do aborto e das drogas. O candidato começou a "namorar", como gostava de dizer, o Partido Ecológico Nacional (PEN). À época, Bolsonaro estava em ascensão nas pesquisas. Em dezembro de 2016, o Datafolha lhe atribuíra 8% das intenções de voto. Em abril de 2017, o número tinha subido para 14%. Em junho, eram 16% — o que significava um empate técnico com Marina Silva no segundo lugar, atrás de Lula. O PEN era uma pequena e irrelevante sigla fundada em 2011, com apenas três deputados na Câmara. Seu presidente, Adilson Barroso, viu em Bolsonaro a chance de fazer sua legenda atingir outro patamar. Para tanto, dispôs-se a cumprir todas as vontades do ex-capitão: modulou ao gosto dele o estatuto e o programa de governo, aceitou até mudar o nome do partido — o "ecológico" desagradava a Bolsonaro.

Mas o deputado continuava desconfiado. Temia que o

PEN pudesse se aproveitar dele com o intuito de atrair candidatos a deputado e conseguir acesso ao fundo partidário, para no fim negar-lhe a legenda à Presidência. "Ele tinha uma verdadeira paranoia de se filiar a uma sigla e, na última hora, ser passado para trás", conta Bebianno. Por isso Bolsonaro exigiu do PEN mais que juras de amor. No final, levou vinte diretórios estaduais, cinco nomes na Executiva Nacional e as alterações que quis no estatuto. Tudo acertado, o anúncio oficial da filiação foi marcado para o dia 10 de agosto de 2017, uma quinta-feira, no hotel Ramada, no Rio. Barroso convidou partidários de todo o Brasil para o grande acontecimento. Aparelhou o salão de festas do hotel com telões de LED e equipes para transmitir lives do momento solene. Depois da cerimônia, os convidados subiriam ao terraço, onde um coquetel os aguardava. Bolsonaro, hospedado no hotel, esperava em seu quarto o início do evento, marcado para as onze horas. Às 10h30, seu celular tocou. Era o senador Magno Malta, do PR.

"Tu sabe o que tu vai fazer? Vai enterrar a tua candidatura. Esse partido aí é contra a prisão em segunda instância, a favor do Lula."

"O que você tá falando?", perguntou Bolsonaro.

"Eles têm uma ação na Justiça para barrar a prisão em segunda instância."

Em maio do ano anterior, o PEN havia entrado no STF com uma ação declaratória de constitucionalidade, ADC, contra a decisão da Corte de permitir a prisão para condenados em segunda instância. A iniciativa, na verdade, era do advogado Antônio Carlos de Almeida Castro, o Kakay, defensor de vários réus da Lava Jato, entre eles o ex-ministro José Dirceu. Ocorre que a lei não permite que advogados proponham ADCs. Essa prerrogativa é reservada ao presidente da República, à Mesa do Senado e a algumas outras poucas categorias — entre elas, partidos políticos com representação no Congresso Nacional, caso do nanico PEN. Foi por isso que Kakay procurou Barroso e propôs um acordo para que seu partido "embarrigasse" a ação. Não ocorreu ao presidente do PEN que, quase um ano e meio mais tarde, o trato poderia inviabilizar a entrada em seu minúsculo partido de um promissor candidato à Presidência da República.

"Nem fodendo que eu vou entrar nessa", disse o ex-capitão.

Bolsonaro desligou o telefone. Fez mais algumas ligações e seguiu atrasado para o salão. Quando chegou, foi aplaudido por quinhentas pessoas aos gritos de "Mito, mito!". Mas o mito tinha a cara amarrada. Ao passar por Bebianno, cochichou: "Tô indo para o altar, mas a noiva está grávida e o filho não é meu". Postou-se ao microfone e, diante da plateia, das câmeras de live e de um perplexo Adilson Barroso, declarou: "Ainda não será um casamento e nem será hoje marcada a data desse casamento". Em seguida, afirmou que não poderia entrar em um partido que corria o risco de mais para a frente ser acusado de ter indicado um candidato "cujo partido enterrou a Lava Jato". Olhando com o canto do olho para Barroso, disse: "Me desculpem aqui se eu desapontei alguém". E decretou que a realização do "casamento" estaria condicionada à retirada da ação de constitucionalidade por parte do PEN.

Sem saber onde enfiar a cara, Barroso ainda tentou uma

reação: "Os representantes do PEN não vieram do Brasil todo para escutar um 'não vem para o partido por conta disso ou daquilo', mas sim para receber o presidente com a honestidade que ele tem", disse.[17] Nesse momento, 21 mil pessoas assistiam simultaneamente à transmissão ao vivo da cerimônia. "O namoro continua", encerrou Bolsonaro. Barroso foi embora atônito. O coquetel foi cancelado. Os cinegrafistas desmontaram seus equipamentos de live e pouco a pouco o salão foi se esvaziando. Quando tudo acabou, Flávio Bolsonaro foi esperar o pai na frente do hotel. Então deputado estadual pelo PSC, ele também estava de mudança para o PEN, pelo qual concorreria ao Senado. O filho mais velho de Bolsonaro sentou na mureta da calçada e enterrou a cabeça entre as mãos. De pé a seu lado estava Rodrigo Amorim, presidente do PEN no Rio e seu ex-companheiro de chapa na campanha para a prefeitura carioca em 2016. No ano seguinte, Amorim se elegeria o deputado estadual mais votado do Rio.

Bolsonaro chegou, viu a cara desanimada dos dois e virou a palma das duas mãos para cima, como quem diz: "O que vocês queriam que eu fizesse?". Flávio disse: "Pô, pai, coitado do Adilson".

Bolsonaro perguntou: "Ele ficou chateado?".

"Claro, né? O cara chamou o Brasil inteiro pra ver ele passar vexame."

Bolsonaro respondeu que ligaria para Barroso. E entrou no carro. "O Jair é o cara que chuta o pau da barraca", diz Amorim.

Mais tarde, Adilson Barroso justificaria que havia entrado com a ADC porque não possuía "o dom da futurologia" e ignorava que poderia beneficiar o PT. Anunciou a destituição de Kakay como advogado do partido na ação e passou os meses seguintes tentando retirá-la — era a condição imposta por Bolsonaro para continuar na sigla.

Diante do abalo no namoro com o PEN, o ex-capitão começou a flertar com o PSL e com o PR. No dia 2 de dezembro, uma pesquisa Datafolha havia mostrado que ele estava isolado no segundo lugar, oito pontos à frente de Marina Silva e onze pontos à frente de Geraldo Alckmin. O apresentador Luciano Huck já havia anunciado cinco dias antes que não iria concorrer, embora até o início de 2018 tivesse encorajado os rumores de que seguiria candidato. Bolsonaro ouviu do amigo Fraga: "Você está indo muito bem, agora precisa de um partido grande. Tem de ir para o PR".

Bolsonaro replicou: "Com o Valdemar lá?".

Prócere da sigla, em 2013 o ex-deputado Valdemar Costa Neto havia sido condenado a sete anos e dez meses por corrupção passiva e lavagem de dinheiro no escândalo do mensalão. Passou quase um ano na cadeia e outros quatro na companhia de uma tornozeleira eletrônica, que tentava esconder sob a calça quando ia a restaurantes. Fraga explicou o plano: "O Valdemar tá disposto a pedir uma licença. O Capitão Augusto assume, você entra e ganha TV, estrutura, jatinho... Faz uma campanha de verdade".

"Fraga, mas eu não preciso de jato. Eu tô é gostando de viajar de avião de carreira. Todo mundo vem falar comigo."

"Tá, mas você vai continuar demorando meio dia para chegar nos lugares."

Foi Jorge Mello, eleito senador por Santa Catarina em

2018, quem formalizou a proposta do PR ao deputado. A conversa aconteceu no gabinete de Eduardo Bolsonaro, vizinho ao do pai. Mello foi acompanhado do senador Magno Malta e do deputado Capitão Augusto. Além de Eduardo, também Flávio estava lá.

"Temos tempo de TV", disse Mello, "temos bancada e honramos os nossos compromissos. O PR o receberá de braços abertos."

Apertando a mão do senador, Bolsonaro respondeu: "Beleza".

Fraga ficou esperando no lado de fora. "Jorginho saiu do gabinete e me abraçou", lembra. "Eu achei que fosse dar tudo certo. Isso foi na quarta-feira. Sábado eu estou em casa e recebo o vídeo do Bolsonaro apertando a mão do Luciano Bivar e fechando com o PSL. Ele é assim. Toma decisões de supetão."

Fraga e o PR não foram os únicos pegos de surpresa com a repentina decisão de Bolsonaro. Adilson Barroso tinha certeza de que o seu PEN continuava no páreo. Depois do vexame no hotel Ramada, Bolsonaro ainda foi a estrela do programa de TV do Patriota, como o partido foi rebatizado, de modo a expurgar o "ecológico". Mesmo diante do anúncio da filiação do deputado ao PSL, Barroso estava esperançoso de ter Bolsonaro com ele. Numa entrevista, chegou a apelar por justiça evocando uma derradeira metáfora ao gosto do ex-capitão: "Depois de ter estuprado o PEN, o que espero dele agora é o casamento com o Patriota, a que ele deu o nome".[18] O apelo foi em vão.

Finalmente, no dia 5 de janeiro de 2018, o deputado Jair Messias Bolsonaro se casou de papel passado com o

Partido Social Liberal (PSL). Naquele ano, a cota da sigla no fundo eleitoral foi de 9 milhões de reais. A título de comparação: o PT teve direito a 212 milhões de reais e o PSDB, a 185 milhões. O tempo de TV que coube ao PSL não foi menos miserável: oito segundos por bloco, menos do que teve em 1989 o deputado Enéas Carneiro. Até 2018, o novo partido de Bolsonaro não tinha nenhum governador. Em 2016, havia feito apenas trinta prefeitos nos 5570 municípios da federação; no Legislativo, contava com um único deputado eleito em 2014. Mesmo magra e sem posses, porém, a sigla foi a que mais entregou ao ex-capitão. Foi Bebianno quem conduziu as tratativas com o presidente do PSL, Luciano Bivar — deputado pernambucano, advogado, cartola do futebol e empresário do ramo de seguros.

Apresentado a Bolsonaro pelo deputado federal Felipe Francischini no final de 2017, Luciano Bivar era dono de um partido irrelevante e de um passado sombrio. Como era de conhecimento da elite política e empresarial do Recife, ele havia figurado como suspeito de um assassinato ocorrido na capital em 1982. Em novembro de 2019, a revista *Veja* contou a história completa, numa reportagem que nunca foi contestada por seu protagonista. Nos anos 1980, o advogado, rico, casado e dono de sobrenome influente em seu estado, começou a ter um caso com Claudete Maria da Silva, uma massagista de trinta anos para quem ele alugou um apartamento na região central do Recife, segundo apuraram as investigações da polícia noticiadas pela imprensa na época. Os amantes se afastaram quando ela anunciou que estava grávida. Meses depois, porém, como contou à *Veja* a irmã de Claudete, Bivar voltou a procurar a massagista. Disse que queria reatar a relação e marcou um encontro pedindo que ela levasse todas as cartas de amor que haviam trocado. Depois disso, Claudete nunca mais foi vista com vida. Seu corpo foi encontrado no dia 3 de outubro de 1982 boiando no rio Capiberibe, no Recife. Exames constataram que ela morreu por afogamento, mas hematomas encontrados em seu rosto, nos braços e nos olhos sugeriam que ela foi agredida antes de cair ou ser atirada no rio. A polícia apontou Bivar como o principal suspeito do crime, mas as investigações não avançaram e ninguém foi punido pela morte da mulher, que estava grávida de oito meses.[19]

A história do cartola do PSL era de conhecimento de Bolsonaro e da cúpula de sua campanha desde que começaram as tratativas para o ingresso do ex-capitão na sigla. Mas naquele momento, para Bolsonaro e sua equipe de campanha, o problema não era o passado de Bivar, mas seu presente. O cartola tinha decidido renovar o programa partidário do PSL, sigla que fundou em 1998 e pela qual chegou a concorrer à Presidência em 2006 (teve 62 mil votos, 0,06% do total). O processo de renovação do partido envolvia a fusão com o Livres, grupo cujo nome rebatizaria o partido de Bivar e que era liderado por seu filho, Sérgio Bivar. Quando começaram a surgir as notícias de que o cacique do PSL cogitava a entrada de Bolsonaro em seu partido, o Livres comunicou a Bivar que considerava a hipótese inaceitável — o discurso do ex-capitão, estatizante na economia e conservador nos costumes, colidia de frente com a agenda liberal do grupo. Bivar foi levando Bolsonaro e o Livres em banho-maria, até que, no dia 4 de janeiro, tudo se precipitou.

Julian Lemos, coordenador de campanha de Bolsonaro no Nordeste, estava com a mulher em um shopping de João Pessoa quando recebeu um telefonema do deputado Francischini: "O Bivar está tirando o corpo fora. Vai ficar com os cabeças pretas [assim eram chamados os integrantes do Livres, que incluía nomes como o da economista Elena Landau]. Acho que a gente perdeu". Bolsonaro já tinha sido rejeitado pelo PSDC de Eymael, na última hora voltara atrás da decisão de se filiar ao PEN e mostrava-se pouco animado a embarcar no PR de Waldemar. Agora, a nove meses das eleições, corria o risco de perder o que, para aliados, era a melhor alternativa que se apresentava, o PSL. Lemos telefonou para Bivar, que desconversou e lhe propôs voltarem a falar em fevereiro, depois que ele voltasse das férias em Miami. Lemos insistiu e disse que gostaria de encontrá-lo, se possível, naquele instante. Mentiu que estava "por perto". Bivar, primeiro reticente, assentiu, e Lemos fez o percurso de 121 quilômetros em quarenta minutos — a disparada lhe rendeu 5800 reais de multas. No caminho, telefonou para Bolsonaro, relatou a situação e obteve do ex-capitão o compromisso de que ele iria ao Recife no dia seguinte para fechar sua entrada no partido de Bivar, se o cacique assim concordasse.

No dia seguinte, Bolsonaro se reuniu com Bivar no hangar do aeroporto do Recife. Os dois se apertaram as mãos ao final de duas horas de negociações. O argumento que mais contribuiu para convencer o cartola a deixar o Livres, e o próprio filho, na chuva foi a promessa de que seu estado, Pernambuco, ficaria com 30% do fundo eleitoral do PSL — que naquele ano havia sido de 9 milhões e prometia triplicar nos anos seguintes. Os 70% restantes seriam distribuídos de acordo com o peso eleitoral de cada estado. No caso de Jair Bolsonaro não ser eleito, ficou acordado que ao ex-capitão caberia o comando da Fundação Indigo e do PSL Mulher. Por lei, fundações mantidas por partidos e entidades destinadas a fomentar a participação de mulheres na política devem receber, juntas, 25% do dinheiro do fundo partidário.

O acordo previa ainda que, durante a campanha, Bivar cederia a Bolsonaro e seu grupo nada menos que a presidência nacional interina do PSL, dois terços da sua Executiva, todos os diretórios estaduais e o controle do fundo partidário. Os termos aplacaram o medo do candidato de ser passado para trás e ficar sem legenda no último instante.[20] Já Bivar não demorou a ter certeza de que havia feito um ótimo negócio ao ceder dedos e anéis ao ex-capitão. Em outubro, tracionado pela onda Bolsonaro, o PSL elegeu três governadores, quatro senadores e 52 deputados federais (a estimativa mais otimista na sigla era de 25 deputados). O ex-partido nanico fez comer poeira siglas como MDB, PP e, o mais humilhado de todos, PSDB, que recuou da terceira bancada na Câmara para a nona. O PSL era agora a segunda maior bancada na Câmara depois do PT (passada a eleição, com as trocas de partidos, PSL e PT empataram em número de integrantes, com 54 cada um; em agosto, com a expulsão de Alexandre Frota, o PT retomou a dianteira).

Dos 54 deputados eleitos pelo partido do presidente, 45 (87%) eram marinheiros de primeira viagem. Na Câmara, juntando todos os partidos, a taxa de novatos foi de 47,3%. No arrastão do PSL, veio de tudo: ex-ator pornô, descendente de família imperial e uma dúzia de profissionais liberais que se elegeram alavancados por causas como a Escola sem Partido, a flexibilização do Estatuto do Desarmamento e a prisão de Lula.

Mas foi a performance dos candidatos ligados à área da segurança que acabou por definir a cara da nova superbancada. Dos deputados eleitos pelo PSL, quinze eram policiais ou ex-policiais, caso da Major Fabiana e do Coronel Tadeu, ou militares da reserva, como o General Girão. A eleição da Major Fabiana foi a prova da imensa simpatia do eleitorado por qualquer candidato que empunhasse uma arma em nome da lei. Em abril de 2014, ao ver um ônibus incendiado na avenida Leopoldo Bulhões, na altura da favela do Jacarezinho, no Rio, Fabiana saiu do carro e foi fotografada de pistola em punho mirando um grupo de jovens que supunha fossem os responsáveis pelo crime.[21] A major não chegou a prender ninguém e o grupo se dispersou rapidamente. Mas a imagem da loira de calça branca apertada e sapato vermelho de salto alto apontando uma pistola na direção de meia dúzia de adolescentes negros de olhar perplexo correu as redes sociais. Duas semanas depois, Fabiana criou uma página no Facebook. Em 2018, com o slogan "A mulher na segurança", elegeu-se com 57611 votos.

Cinco delegados das polícias Civil e Federal também asseguraram um lugar no partido de Bolsonaro: Delegado Antônio Furtado, Delegado Marcelo Freitas, Delegado Waldir, Delegado Pablo e Felício Laterça — apenas o último não usou o cargo na propaganda de campanha. Na porta de seus gabinetes na Câmara, é com o qualificativo "delegado" que eles se identificam até hoje.

O deputado Hélio Lopes se enquadra na categoria dos ex-militares, mas seu caso guarda outras peculiaridades. Nascido em Queimados, na Baixada Fluminense, e criado em Austin, na vizinha Nova Iguaçu, já tinha tentado se eleger vereador três vezes. O número máximo de votos que chegou a obter foi 480, em 2016. Em 2018, concorrendo a uma vaga na Câmara Federal pelo PSL, com 1800 reais em caixa e praticamente sem abrir a boca, sagrou-se o deputado mais votado do Rio de Janeiro, com 345 234 votos. Era o "Negão do Bolsonaro", como se apresentava na propaganda de TV e nas redes sociais.

Lopes conheceu o "Jair", como chama o presidente, quando era sargento do Exército. Seu pai trabalhava como pedreiro, sua mãe como empregada doméstica. O bairro em que a família morava ficava espremido entre duas áreas conflagradas — de um lado, o território era de traficantes; do outro, da milícia. Lopes lembra que, na infância, quando disse a um professor que queria ser soldado do Exército, ouviu dele como resposta: "Se você conseguir chegar a lixeiro, dê-se por feliz".

Um dia, ao ver a farda garbosa de um vizinho, cadete da Aeronáutica, decidiu que também vestiria uma. "Se ele consegue, também vou conseguir", pensou. Fez concurso para sargento e soube que tinha passado dois dias depois de ter perdido o pai — daí por que nunca comemorou a aprovação.

No Exército, onde se formou perito policial e investigador, não há quem não se lembre do sargento da turma de 1992 que corria descalço nas competições de 4 x 100. "Não tinha sapatilha que coubesse no meu pé." Lopes tem 1,92 metro e calça 48. Orgulha-se de nunca ter perdido uma competição. Conheceu Bolsonaro numa das cerimônias militares de que o deputado federal participava. Ao contrário do que ocorria entre o generalato, o ex-capitão sempre foi popular entre os praças. Uniram Bolsonaro e o sargento a simpatia mútua, algumas convicções no campo da direita e o gosto por futebol, embora no Rio o palmeirense Bolsonaro seja Botafogo, e Lopes, Flamengo. Quando se elegeu, o deputado ouviu de Bolsonaro: "Negão, lembra que você tem dois olhos, duas orelhas e só uma boca". Lopes diz ter entendido a mensagem: "Escutar muito, observar mais ainda e falar só o necessário". Obedeceu ao pé da letra.

O deputado se orgulha de jamais ter dado um único passo sem a anuência do ex-capitão. Toda vez que sai de sua sala na Câmara para uma votação no plenário, leva na pasta uma "cola" padronizada por seu gabinete. É uma folha com seu logotipo de campanha que traz em letras grandes o nome e um resumo do projeto a ser votado. Logo abaixo, também em letras grandes, vem o item "Bolsonaro sobre o assunto". Lá, o deputado Lopes fica sabendo se o presidente é contra ou a favor da pauta e por quê.

Até outubro de 2019, Lopes havia acompanhado o presidente em todas as viagens internacionais, à exceção da visita a Israel e a Nova York para a Assembleia Geral da ONU. Bolsonaro o convidou para participar das comitivas que foram à Antártica, ao Chile, aos Estados Unidos, ao Japão (duas vezes), à China e ao Oriente Médio. No avião, o deputado dorme sempre numa poltrona próxima à do presidente (Bolsonaro se recusa a usar a cama presidencial da aeronave).

É também ele quem, terminadas as cerimônias e jantares oficiais, arrisca escapadas com o ex-capitão para ir a uma churrascaria brasileira, como ocorreu em Osaka, no Japão, ou para comer um hambúrguer na rua, como fizeram na viagem ao Texas. Às vezes Bolsonaro se contenta com um pacote de macarrão instantâneo, que traz aos montes na mala e que assistentes lhe preparam no quarto ou na cozinha de hotéis, sobretudo quando está na Ásia. Os dois compartilham a aversão por comidas "diferentes", como diz o deputado. Até hoje Lopes guarda na memória uma traumática experiência com um ceviche servido num jantar oficial no Chile. "Só percebi que era peixe cru quando já tinha posto na boca. Não conseguia engolir e não podia cuspir. Começou a escorrer lágrima dos meus olhos." Foi salvo pelo ministro Wagner Rosário, que, à sua frente, percebeu seu desconforto e lhe estendeu um copo de Coca-Cola. "Bebi e botei tudo pra baixo de uma vez como se fosse remédio."

Nos dias de semana, o deputado almoça com assessores nas mesas de alumínio enfileiradas na calçada em frente ao trailer Comidinha da Mamãe, no estacionamento do Anexo 4, onde fica seu gabinete. No caminho para o trailer (doze reais o prato montado na hora), Lopes costuma ser parado uma dezena de vezes por eleitores que querem uma selfie com ele. Muitos pedem que repasse pedidos ou recados a Bolsonaro. A intimidade de Lopes com o presidente causa ciúme entre os deputados de seu partido. Em maio, quando Bolsonaro recebeu a bancada do PSL, o deputado Coronel Chrisóstomo pediu licença para falar: "Presidente, eu queria perguntar ao senhor uma coisa que todo mundo comenta, mas que ninguém tem coragem de dizer. Por que só o Hélio Negão é chamado para as viagens?". Ao que Bolsonaro respondeu: "Ô deputado, o senhor me desculpe, mas eu convido quem eu quiser".

Como se veria mais tarde, as missões extragabinete do deputado Hélio Lopes não se limitavam a fazer companhia a Bolsonaro.

Paranoias, ideias fixas, medos e outros tormentos

Quando a especialista em segurança Ilona Szabó, indicada por Sergio Moro para um conselho do Ministério da Justiça, foi "desnomeada" por pressão de bolsonaristas, entendeu-se que esse gesto representava a primeira grande derrota do ex-juiz da Lava Jato como ministro do novo governo. Era mais que isso. Como se viu depois, o episódio dizia tanto sobre a real dimensão do poder e da autonomia do titular da Justiça no gabinete de Bolsonaro quanto sobre quem é, e como pensa, o presidente da República. Sergio Moro foi o quinto ministro anunciado por Bolsonaro. No dia 1º de novembro de 2018, o presidente eleito tuitou sobre o magistrado: "Sua agenda anticorrupção, anticrime organizado, bem como respeito à Constituição e às leis será o nosso norte!". Logo ficou claro que a nomeação de Moro era um negócio bem melhor para Bolsonaro do que para o juiz.

Às vésperas da posse, suspeitas sobre as convicções democráticas do presidente eleito continuavam a pairar sobre sua cabeça. Em 1999, quando deputado federal pelo PPB, o ex-capitão deu uma entrevista à TV Bandeirantes que só não resultou na cassação de seu mandato porque ninguém se empenhou muito.[22] Na conversa, quando ele criticava o "governo corrupto de FHC" e o soldo miserável dos policiais militares, o apresentador perguntou: "Se você fosse hoje o presidente da República, fecharia o Congresso Nacional?". Bolsonaro, então com 44 anos e em seu terceiro mandato na Câmara, não titubeou: "Não há a menor dúvida. Daria golpe no mesmo dia. Não funciona! E tenho certeza que pelo menos 90% da população ia fazer festa e bater palma. O Congresso hoje em dia não serve pra nada, xará. Só vota o que o presidente quer. Se ele é a pessoa que decide, que manda, que tripudia em cima do Congresso, então dê logo o golpe, parte logo pra ditadura". Em outro momento, o apresentador perguntou se o então deputado do baixo clero tinha a esperança de ver o Brasil ser um país melhor no futuro. Bolsonaro respondeu: "Me desculpa, mas através do voto você não vai mudar nada neste país. Nada, absolutamente nada. Você só vai mudar, infelizmente, quando um dia nós partirmos para uma guerra civil aqui dentro. E fazendo um trabalho que o regime militar não fez, matando uns 30 mil. Começando com FHC. Não deixar ir para fora, não! Matando! Se vai (sic) morrer alguns inocentes, tudo bem". Diante da repercussão das declarações, o ex-capitão foi ao plenário reclamar que havia sofrido um "massacre" da imprensa, mas não desmentiu o que disse, ao contrário: "Sou a favor, sim, de uma ditadura, de um regime de

72

exceção, desde que este Congresso Nacional dê mais um passo rumo ao abismo, que no meu entender está muito próximo".

Em 2018, já candidato à Presidência, Bolsonaro, ao ser lembrado do episódio, se limitou a dizer que "aquilo aconteceu há vinte anos". Na campanha, porém, as diversas entrevistas em que saiu em defesa de torturadores contribuíram para reavivar o passado. Também não ajudou a esquecê-lo a divulgação de um vídeo, entre o primeiro e o segundo turno das eleições, em que Eduardo Bolsonaro dizia que bastaria "um soldado e um cabo" para fechar o Supremo Tribunal Federal se, em caso de vitória de Bolsonaro, os ministros tentassem impedir sua posse. Para alguns, o "sim" de Moro ao convite do presidente pareceu um raio de sol num horizonte cinzento. Quem via no magistrado o paladino da Lava Jato e da Justiça enxergava em sua nomeação o "compromisso crível" que faltava ao novo governo — a garantia de que Bolsonaro não cruzaria a linha demarcatória da legalidade e, ao mesmo tempo, um sinal de que cumpriria a promessa de acabar com a corrupção no país.

Já para Moro o jogo era bem mais arriscado. Ao pendurar a toga para se tornar representante de um governo que teve como principal adversário eleitoral o partido de Lula — o réu mais célebre da Lava Jato —, o juiz abriu um flanco para o questionamento de sua isenção. A partir daquele instante, Moro e seu uniforme de super-herói estavam a serviço não mais da Justiça, mas de Bolsonaro.

O juiz se tornou um dos três pilares do governo. Os outros dois eram o ministro da Economia, Paulo Guedes, e o núcleo militar. Enquanto os generais estavam destinados a ser o fiel da balança da gestão Bolsonaro, ou o "Poder Moderador", como gostava de dizer Augusto Heleno, Moro e Guedes eram vistos como pontas de lança do presidente. Deles, esperava-se ação — e, para isso, Bolsonaro lhes prometeu carta branca. No caso de Moro, a promessa não resistiu ao primeiro teste.

Ilona Szabó não passou na peneira ideológica de Bolsonaro por, entre outros fatores, ser contra o afrouxamento das regras de acesso a armas e favorável à descriminalização das drogas e do aborto. Em defesa de sua nomeada, Moro ainda argumentou que ela era uma referência no estudo do combate à criminalidade e que, como suplente de membro do Conselho Nacional de Política Criminal e Penitenciária, não teria qualquer poder de decisão — ajudaria apenas a conferir pluralidade ao grupo. Ao conselho que Szabó havia sido convidada a integrar, cabe, entre outras funções, propor diretrizes para prevenir e combater a criminalidade. Bolsonaro se recusou a aceitar os argumentos de seu superministro. Acatar a nomeação de Ilona Szabó feria uma de suas certezas mais arraigadas: a de que, na vida e na política, não existem adversários, mas inimigos.

Um incidente durante as eleições municipais de 2016 ilustra até que ponto o presidente leva a sério essa divisão de campos. Na noite de 25 de agosto daquele ano, seu filho mais velho participaria de um debate na Band. Flávio Bolsonaro era deputado estadual pelo PSC e concorria à prefeitura do Rio de Janeiro.

No final da manhã, depois de fazer uma carreata em Bangu, o candidato e sua equipe almoçaram no bairro. Foram a um restaurante self-service do tipo que, para evitar desperdícios, "taxa" clientes que deixam sobras no prato. Flávio limpou o seu. A comida era pesada e o assessor de imprensa do candidato, Gustavo de Almeida, foi o primeiro a acusar o golpe: ele passou tão mal à tarde que não teve condições de acompanhar o debate marcado para aquela noite. Flávio Bolsonaro costuma ficar nervoso em confrontos públicos. No debate anterior, confundiu nomes de municípios fluminenses com bairros cariocas. Fazia mais de trinta graus quando ele chegou ao local do evento, o teatro Oi Casagrande. Para piorar, seu camarim estava sem ar-condicionado. Quando entrou no palco, já suava frio.

No começo do segundo bloco, Flávio empalideceu e suas pernas bambearam. Ao perceberem que o concorrente estava prestes a desmaiar, os deputados Carlos Osório (PSDB) e Jandira Feghali (PCdoB) correram para ampará-lo. "Ele está passando mal", gritou o tucano. Feghali, que é médica, pediu ajuda: "Ele vai cair!". O apresentador avisou que o debate seria interrompido e chamou o intervalo.

Fora do ar, alguém da plateia gritou: "Jair, ajuda lá!".

Bolsonaro saltou as cadeiras em direção ao palco. Antes mesmo de subir, ordenou que Feghali saísse de perto de seu primogênito: "Ela vai dar estricnina para o meu filho!".

Jandira, perplexa, exclamou: "Isso é distúrbio!".

Enquanto Bolsonaro tirava Flávio do palco e o levava até uma cadeira na plateia, a deputada gritava: "Fascista! Réu por estupro!".

Amigos e assessores formaram uma roda em torno de

Flávio. Bolsonaro tentava acalmá-lo: "Tranquilo, Zero Um. Paga umas flexões aí". Depois de alguns minutos, Flávio tomou um suco e sentiu-se melhor.[23] Deixou a Band caminhando e seguiu para um hospital, onde nada foi diagnosticado.

No dia seguinte, aproveitando o episódio de intoxicação alimentar do assessor, a equipe do candidato decidiu divulgar que também Flávio havia sido vítima de uma refeição mal digerida. O texto da nota, lido e aprovado pelo Pastor Everaldo, presidente do PSC, dizia que o candidato pedia desculpas aos espectadores e demais debatedores por ter sido forçado a deixar o programa e agradecia "aos concorrentes Jandira Feghali e Carlos Osório pelos gestos de solidariedade ao socorrê-lo".

O reconhecimento dos préstimos enfureceu Bolsonaro.

"Agradecer àquela mulher?", disse ao filho, na presença de assessores. "É o fim da picada!"

Em seguida telefonou para Carlos, responsável por suas redes sociais, determinando que ele "travasse" qualquer postagem do irmão e de sua assessoria. Por uma semana, e em plena reta final de campanha, Flávio Bolsonaro ficou "de castigo" — não publicou nenhuma linha no Twitter ou no Facebook.

Jair Bolsonaro tem raciocínio binário, dizem conhecidos de longa data. Quem não é seu amigo é seu inimigo. E enquanto os amigos de verdade são poucos, os inimigos estão em toda parte. Desde jovem Bolsonaro mantém hábitos que chamam a atenção de quem convive com ele.

No tempo em que era deputado em Brasília, se deixava o carro estacionado na rua por muito tempo, ao voltar se agachava para conferir o chassi do veículo com medo de ser surpreendido por uma bomba. Também receava ser envenenado. Quando chegava ao apartamento que mantinha no Setor Sudoeste, jamais bebia a água de jarras ou garrafas guardadas na geladeira. Por precaução, preferia matar a sede na torneira.

A partir do momento em que se tornou postulante à cadeira da Presidência da República, a desconfiança cresceu. Durante a campanha, optava por andar em aviões de carreira mesmo quando podia voar em jatinhos. Não queria "ser morto como Eduardo Campos", alegava. Em 13 de agosto de 2014, Campos, então candidato à Presidência da República pelo PSB, morreu quando o Cessna em que decolou do Rio com destino a Santos caiu no trajeto. Em agosto de 2018, a Polícia Federal concluiu que a queda da aeronave fora resultado de um acidente e descartou a hipótese de causa criminosa.

Bolsonaro vivia em estado de alerta: temia ser emboscado, temia ser envenenado, temia sofrer um atentado. No dia 6 de setembro de 2018, seus fantasmas se materializaram.

Naquela quinta-feira, o candidato do PSL foi fazer um bate e volta de campanha na cidade mineira de Juiz de Fora. Pesquisas de intenção de voto o mostravam como líder isolado nos cenários que excluíam Lula — o petista estava preso havia cinco meses.

Bolsonaro viajou a Minas acompanhado dos futuros ministros Gustavo Bebianno e Marcelo Álvaro Antônio, presidente do PSL naquele estado e candidato a deputado federal. Carlos Bolsonaro, que nunca ia aos comícios do pai, também integrava a comitiva — queria testar um drone no parque central da cidade, onde aconteceria o evento mais importante. A agenda do candidato previa em primeiro lugar uma visita a um hospital, seguida de um encontro organizado pela Associação Comercial de Juiz de Fora. Depois Bolsonaro iria para o ato público no parque. Antes, porém, a comitiva parou em um restaurante para almoçar. Com ela, estavam quatro policiais federais, mais os seguranças pessoais de Bolsonaro: o subtenente Max, na época sargento, e o capitão Cordeiro.

O plano da comitiva era sair do restaurante para o parque, onde uma multidão aguardava o candidato. Na frente do parque fica a principal avenida de Juiz de Fora, a Barão do Rio Branco. Atravessando a avenida, chega-se ao calçadão da rua Halfeld, por onde o candidato continuaria a caminhar até alcançar a sede da Associação Comercial — um sobrado histórico de cuja sacada já havia discursado Tancredo Neves. De lá, ele falaria à multidão. Antes de os pratos serem servidos, no entanto, um policial federal disse a Bebianno que a caminhada pelo calçadão da Halfeld apresentava riscos. Havia no entorno muitos prédios, e representantes do movimento LGBT ameaçavam jogar ovos pelas janelas. Bebianno ainda pensou em providenciar um guarda-sol para proteger Bolsonaro, mas logo desistiu. Informou o candidato sobre o temor da PF e sugeriu que evitassem a rua e fossem de carro para a sede da associação.

A comitiva deixou o restaurante pouco depois das 14h30. Bolsonaro entrou no carro em direção ao parque, seu filho Carlos o acompanhou. Bebianno seguiu atrás em outro veículo, com o capitão Cordeiro e o sargento Max. No carro do candidato, segundo Bebianno, havia um colete à prova de balas. Ao descer do veículo, o ex-capitão estava sem ele.

Ao ver Bolsonaro se misturar à multidão, Bebianno disse ao capitão Cordeiro para dar a volta com o carro na praça de modo a pegar o candidato do outro lado. A ideia era levá-lo direto para a sede da Associação sem passar pela rua conflagrada. O carro ficou estacionado na entrada do parque que dá para a avenida Barão do Rio Branco, à espera do político. "Ele veio vindo e o Cordeiro abriu a porta", conta Bebianno. "Quando nos viu, já quase na nossa frente, fez sinal com a mão de que não iria entrar. Prosseguiu e atravessou a avenida. Só que nós não tivemos como acompanhá-lo — ficamos presos no meio das pessoas. Quando conseguimos nos aproximar, ele já estava nos ombros da multidão. Aí, aconteceu o negócio."

Adélio Bispo de Oliveira esfaqueou Bolsonaro na altura do abdômen. O servente de pedreiro nascido na cidade mineira de Montes Claros tinha sido filiado ao PSOL até 2014. Em suas postagens no Facebook, costumava atacar do governo Temer à maçonaria. Para ele, Bolsonaro era um "traidor" que merecia "pena de morte" por supostamente ter entregue a Amazônia aos Estados Unidos.[24]

"O cara era ruim de serviço", disse Bolsonaro ao primeiro médico que o atendeu quando deu entrada às 15h40 na Santa Casa de Juiz de Fora, com pressão 7 por 4. A facada havia perfurado o intestino e atingira a veia mesentérica, provocando hemorragia interna e vazamento de fezes para a cavidade abdominal. Até aquele momento, porém, ninguém tinha ideia da gravidade da situação. Bolsonaro disse mais tarde que só se deu conta de que poderia ter morrido quando começou a sentir frio e perder a sensibilidade das pernas. Lembrou que, quando os filhos ainda eram pequenos, socorrera um homem que havia sido esfaqueado no Rio. "O cara parecia que estava legal, mas depois foi falando que estava com frio, que não estava sentindo as pernas e morreu." Médicos concordam que, não fosse a rapidez do atendimento, Bolsonaro teria tido o mesmo fim.

Na sala de espera da Santa Casa, Bebianno, aos prantos, falava por telefone com o Major Olimpio, candidato ao Senado pelo PSL. Olimpio estava numa carreata no interior de São Paulo e já sabia da facada — havia acabado de ligar para Eduardo Bolsonaro. "Ele não corre risco", dissera o filho caçula ao major. Olimpio achou que o rapaz tinha a voz serena ao telefone. A impressão, somada à sua experiência como policial militar, o tranquilizou. "Já socorri inúmeras vezes pessoas esfaqueadas ou baleadas que no dia seguinte estavam de alta hospitalar. Não imaginei que fosse uma coisa tão aguda", lembra o major. Mas depois de ouvir Bebianno chorar ao telefone, ele se deu conta de que o incidente era mais sério.

Eduardo Bolsonaro viajou para Juiz de Fora junto com seu assessor de gabinete Gil Diniz, eleito deputado estadual pelo PSL em 2018. O irmão Flávio foi para Minas com o mais tarde notório Fabrício Queiroz. Em outro veículo, seguiram Rodrigo Amorim, eleito deputado estadual nas eleições de 2018, Leonardo Rodrigues, então segundo suplente de Flávio na Assembleia Legislativa, e Hélio Lopes. Hélio Negão, que já era de poucas palavras, dessa vez ficou mudo: passou a viagem rezando.

Bolsonaro foi operado naquela mesma tarde. No dia seguinte, foi transferido para São Paulo. Por pressão da família, o ex-capitão aceitou trocar a Santa Casa de Juiz de Fora por um hospital paulistano, desde que não fosse o Sírio-Libanês — "hospital de petistas", como disse. O ex-presidente Lula e a ex-presidente Dilma, ambos diagnosticados com câncer, haviam se tratado lá. Bolsonaro temia que, internado em "campo inimigo", pudesse ser vítima de uma emboscada. Major Olimpio foi recebê-lo no aeroporto de Juiz de Fora e o encontrou estirado sobre uma maca. "Quando eu o vi deitado no hangar, percebi o quanto estava debilitado", lembra. "Brinquei com ele, ele tentou esboçar um sorriso, mas estava muito fraco. Fiquei extremamente preocupado naquele momento", contou. Junto com os empresários Fabio Wajngarten, atual chefe da Secom, e Nabhan Garcia, hoje secretário de Assuntos Fundiários, Olimpio embarcou no avião-UTI que levou o candidato ao hospital Albert Einstein. O trajeto durou 45 minutos. O major dizia ao ex-capitão: "Força, Zero Um, você é mais forte que isso".

Filhos e amigos próximos costumam chamar Bolsonaro de Zero Um quando querem reforçar sua liderança ou protagonismo em determinada situação. Raramente se referem desse modo a Flávio, primogênito do clã, que pelo código familiar seria o natural detentor do título.

Da boca do ex-capitão, saía quase um murmúrio: "Tudo bem, tudo bem...".

"Percebi que ele estava muito ferido", lembra Olimpio. Chegando a São Paulo, Bolsonaro foi levado ao hospital num helicóptero da Polícia Militar. O major e os demais o seguiram de carro. Na sala de espera do Einstein, já estavam a postos Bebianno, o candidato a deputado federal Alexandre Frota e o senador pelo PR Magno Malta. Apenas Flávio Bolsonaro e Hélio Lopes foram autorizados a subir para a sala de espera da UTI, onde já se encontravam Carlos e Michelle Bolsonaro. Magno Malta tentou furar o bloqueio com uma carteirada: "Sou senador da República!", gritou para os seguranças que queriam barrar sua entrada para o andar superior. Subiu na marra.

Bolsonaro passou por duas cirurgias antes da eleição. Teria vencido sem a facada?

Segundo a agência Bites, consultoria de análise estratégica de dados digitais, no dia 4 de setembro, dois dias antes do atentado, o candidato tinha em torno de 10 milhões de seguidores em suas contas no Facebook e no Twitter, somadas. No dia 30 de setembro, três semanas depois da facada, esse número havia saltado para 12,5 milhões, um crescimento de 25% (ele chegou ao segundo turno com 17 milhões de seguidores nas redes sociais). Ocorre que, de acordo com os números da Bites, o desempenho de Bolsonaro nas redes vinha aumentando numa curva estável desde o mês de abril. O atentado, portanto, foi um evento excepcional, mas não um ponto de inflexão na campanha — a tendência de crescimento já existia. O cientista social Maurício Moura, um dos primeiros a predizer a vitória do ex-capitão, concorda com a análise. Especialista em psicologia política pela Universidade Stanford e CEO da IDEIA Big Data, ele diz que o atentado trouxe benefícios eleitorais e políticos evidentes para Bolsonaro, mas não determinou sua vitória.

Das 16 horas às 18 horas daquela quinta-feira, dia 6 de setembro, o nome de Jair Bolsonaro recebeu mais de 380 mil menções na web. Isso sim "um evento inédito no mundo digital", afirma Moura, considerando que o número foi alcançado em meras duas horas. Significa que o atentado direcionou milhões de seguidores para as plataformas de interação do candidato do PSL, além de lhe dar um fenomenal, gratuito e diuturno espaço na TV e nos jornais, poupá-lo de eventuais desgastes em sabatinas e debates e obrigar seu concorrente tucano, Geraldo Alckmin, a diminuir o tom das críticas contra ele. Àquela altura, porém, afirma Moura, o candidato do PSL já era o favorito. No dia 5 de setembro, um dia antes da facada, os trackings da IDEIA Big Data mostravam que ele tinha quase 20% de votos espontâneos nas pesquisas, o que já lhe garantia o segundo turno. "As condições conjunturais e estruturais favoráveis à sua eleição já estavam dadas", afirma Moura.[25]

No dia 24 de maio de 2019, o juiz Bruno Savino, da 3ª Vara Federal de Juiz de Fora, concluiu que Adélio Bispo de Oliveira era portador de transtorno mental e, portanto, inimputável. Ou seja, ele era incapaz de entender o caráter do crime que cometera e de responder por seus atos.

A decisão do juiz, proferida oito meses depois do atentado, se baseou em quatro laudos médicos assinados por peritos solicitados por advogados de Oliveira e de Bolsonaro. Os laudos dos psiquiatras oscilavam entre a inimputabilidade e a semi-imputabilidade, mas foram unânimes no diagnóstico de que o servente de pedreiro era portador de transtorno delirante persistente. Trata-se de uma doença psíquica que provoca delírios e falsas crenças que eventualmente podem estimular o paciente a atentar contra si ou terceiros. Os advogados de Bolsonaro decidiram não recorrer da sentença.

No âmbito da investigação criminal, a Polícia Federal abriu dois inquéritos. Um para saber se havia mais alguém com Oliveira no dia do crime; outro para investigar se o atentado teve mandantes ou financiadores. O primeiro foi encerrado em 28 de setembro e concluiu que, no dia do atentado, o agressor agiu sozinho. Para chegar a essa conclusão, a PF analisou 150 horas de vídeos, 1200 fotos e 2 terabytes de informações colhidas por meio de quebras do sigilo telefônico, bancário e telemático de Oliveira.

O segundo inquérito, que pretende averiguar a existência de um mandante ou de um grupo criminoso por trás do agressor, não estava concluído até dezembro de 2019. O responsável pela remuneração do advogado de Oliveira é um dos tópicos a serem esclarecidos. A PF pediu mais prazo para concluir a investigação depois que a Ordem dos Advogados do Brasil (OAB) obteve uma liminar que suspendeu a quebra de sigilo do defensor Zanone Manuel de Oliveira. A OAB alegou que a investigação sobre quem pagou os honorários de Oliveira violava o sigilo profissional do advogado. Em julho, a iniciativa da OAB resultou em um ataque pessoal de Bolsonaro contra o presidente da entidade, Felipe Santa Cruz. O ex-capitão jamais acreditou que o agressor tenha agido por iniciativa própria.

Bolsonaro foi eleito presidente da República e o poder não teve o condão de espantar seus medos, ao contrário.

Eleito, o ex-capitão do Exército passou a desconfiar de colaboradores próximos e integrantes do governo. Gustavo Bebianno entrou em seu radar ainda no período da transição. Já indicado secretário-geral da Presidência, o advogado queria priorizar em sua pasta o combate à ineficiência do setor público. "Não faz sentido, por exemplo, o Planalto ter 3200 funcionários e a Casa Branca ter trezentos", repetia. Em dezembro de 2018, Bebianno coordenou um programa em que profissionais da Fundação Falconi, criada pelo especialista em gestão Vicente Falconi, treinariam uma turma de trezentos gestores públicos a fim de modernizar a prestação de serviços do governo em áreas como saúde, educação e segurança. A consultoria seria bancada pela iniciativa privada — empresários de diversos setores já haviam se mostrado dispostos a aderir ao financiamento. Ao tomar conhecimento da iniciativa, o presidente reagiu com desconfiança. "Essas consultorias são muito caras. Aí tem treta", afirmou a Onyx Lorenzoni, que assumiria a Casa Civil. O comentário chegou aos ouvidos de Bebianno e teve o efeito de esfriar o entusiasmo do futuro ministro. O projeto foi para a gaveta.

Mas é no campo ideológico que as suspeições do presidente se intensificam. O governo e as repartições públicas estariam infestados de inimigos, os "esquerdistas". Em janeiro, um dos primeiros atos de seu governo foi afastar "gente suspeita". No dia seguinte à posse, por ordem do presidente, Lorenzoni anunciou 320 exonerações destinadas, em suas palavras, a "despetizar" o governo.

Bolsonaro estava decidido a "limpar" a área. Para a empreitada, escalou o amigo Hélio Lopes, presença constante nos cafés da manhã do Alvorada, inclusive aos sábados e domingos. É nessas ocasiões que Bolsonaro passa ao deputado as tarefas da semana. Elas podem consistir, por exemplo, na apresentação de projetos de lei que o presidente prefere que saiam pelo Legislativo. Foi o que ocorreu com aquele que prevê a isenção de impostos para a indústria de carros elétricos. Como o governo queria se distanciar da política de subsídios praticada por Dilma Rousseff, o presidente, aconselhado pela equipe econômica, concluiu que não pegaria bem trazer a causa para o Executivo. Lopes assumiu a paternidade da pauta — até o final de 2019, ela não tinha passado pela análise de nenhuma comissão, primeira etapa da tramitação de um projeto.

Outras missões delegadas ao deputado Lopes são de caráter mais reservado. Em junho, por determinação do presidente, parte do gabinete parlamentar do deputado no Congresso e também de seu escritório de apoio no Rio passou a se dedicar quase exclusivamente à tarefa de "caçar esquerdistas" no segundo escalão dos ministérios. Por meio de pesquisas em redes como Facebook e LinkedIn, assessores do deputado foram instruídos a apontar funcionários "não alinhados" com o governo — o que, segundo os critérios usados na varredura, poderia ser atestado por um banner de "Lula livre" numa página do Facebook, por exemplo. Lopes repetia em seu gabinete o que ouvia de Bolsonaro no Planalto: "Agora o governo tem uma linha. Quem não seguir a linha, está fora".

O ministro da Saúde, Luiz Henrique Mandetta, por exemplo, recebeu Hélio Lopes em seu gabinete no dia 18 de junho. Na ocasião, o deputado lhe entregou uma lista de onze funcionários de sua pasta que deveriam ser demitidos por falta de sintonia com o governo Bolsonaro. Mandetta já estava a par do motivo da reunião. Pela manhã, havia estado com o presidente no Planalto. No encontro com o ministro estavam presentes também dois assessores. Mandetta resistiu em cortar apenas duas das onze cabeças pedidas. Argumentou que, apesar dos "desvios ideológicos", os funcionários trabalhavam bem — os dois nomes permaneceram no quadro do ministério. Infelizmente, para Bolsonaro, nem todos os integrantes do governo estavam ao alcance do seu expurgo.

Zero Dois

Do Twitter de Gal Hamilton @MouraoGal: "Saindo um pouco da política, alguém indica um bom psiquiatra no RJ? Especialista em vício em redes sociais, mania de perseguição comunista, alucinações soviéticas e transtorno bi--primo-polar? É para o filho de um amigo meu. Urgente". O tuíte foi postado no dia 24 de março de 2019, numa conta que trazia a foto do vice-presidente Hamilton Mourão. No dia seguinte, um amigo de Bolsonaro lhe enviou o texto por WhatsApp perguntando o que estava acontecendo. Também por WhatsApp, o presidente respondeu: "Esse cara [Mourão] é um filho da puta. Casou comigo e agora quer me foder". O amigo escreveu que, caso aquilo não fosse "fake news", seria "muito grave". Bolsonaro mandou um áudio: "Acabei de passar [a mensagem] pra ele [Mourão]. Com toda certeza foi ele. E quem está sendo criticado é quem me botou aqui e devia ser ministro hoje. Se for verdade, fica complicado, fica complicado".

Não era verdade, como comprovaria uma simples consulta ao Twitter. A conta em nome de "Gal Hamilton" deixa claro logo na apresentação que se trata de um perfil falso, "uma sátira". O aviso consta da página pelo menos desde janeiro de 2019. O texto com o gracejo que o ex-capitão levou a sério, a ponto de pedir satisfações a Mourão, era uma clara alusão a Carlos Bolsonaro, que naquele instante havia começado a deixar públicas suas críticas ao vice.

Carlos vinha dormindo mal. Havia dias se mantinha recluso em sua casa, vizinha à do pai, no condomínio Vivendas da Barra, na Barra da Tijuca. Suas únicas companhias eram o iPhone e a cadela Pituka, da raça maltês. Andava insone, agitado, irritado e desconfiado de todos. Na semana anterior, havia postado tuítes contra o PT, o PSOL, o método de ensino Paulo Freire, contra deputados que não apoiavam o governo e a "merda da mídia". Agora, um nome em especial vinha deixando o segundo filho do presidente da República fora de si: Hamilton Mourão.

O vice-presidente mudara bastante desde a campanha eleitoral. Aquele que chegara a admitir a hipótese de um "autogolpe" presidencial para evitar a "anarquia generalizada", agora, em público, era só amabilidade e moderação. De militar linha-dura tinha virado o "Mozão", como passou a ser chamado nos círculos de jornalistas. Muitas vezes suas declarações colidiam de frente com as do chefe. No dia 2 de abril, por exemplo, Bolsonaro declarou "não ter dúvida" de que o nazismo era um "movimento de esquerda". O presidente ecoava o que havia escrito uma semana antes o seu ministro das Relações Exteriores, Ernesto Araújo. Bolsonaro deu a declaração quando estava em Israel. Mourão, em Brasília, foi na direção oposta: "De esquerda é o comunismo". E completou: "Não resta a mínima dúvida". Pouco tempo antes, o vice havia dito considerar que o aborto "se trata de uma opção da pessoa" e declarara que a decisão de transferir a embaixada brasileira em Israel para Jerusalém "por enquanto" não estava nos planos do governo, tudo ao contrário do que havia anunciado o presidente.

Para Carlos, aquele comportamento era a prova de que o vice tramava para enfraquecer seu pai e pavimentar o caminho para destituí-lo. Em novembro de 2018, logo depois das eleições, o Zero Dois já havia postado uma mensagem enigmática no Twitter: "A morte de Jair Bolsonaro não interessa somente aos inimigos declarados, mas também aos que estão muito perto. Principalmente após sua posse! [...] Pensem e entendam todo o enredo diário!".[26]

Mourão ria quando amigos lhe diziam que Carlos o acusava de tentar matar o presidente: "Não é comigo, não", afirmava.

Amigos e assessores sabiam que o general estava insatisfeito com a posição que Bolsonaro lhe outorgara. Logo após a vitória, presidente e vice haviam combinado que Mourão não seria um vice decorativo — cuidaria de tarefas em suas áreas de interesse, como política externa e geopolítica. No anexo do palácio, onde fica seu gabinete, o general chegou a montar núcleos de estudo sobre estratégias para o desenvolvimento da Amazônia e a colonização da fronteira norte. Em abril, os estudos se empilhavam sobre sua mesa sem que Bolsonaro tivesse manifestado o menor interesse em conhecê-los. Sem função definida, Mourão decidiu investir na ideia de "vender o Brasil para o mundo". Em pouco mais de quatro meses, deu entrevistas até para a Al Jazeera, para diversas agências e publicações da China, Catar e jornais tradicionais da França, Espanha, Estados Unidos e Inglaterra. "Quando você fala com o *Financial Times* está falando com Wall Street", defendia o assessor André Stumpf. Em maio, a lista de espera para entrevistar o general tinha 98 nomes de jornalistas, entre brasileiros e estrangeiros.

No dia 5 de abril, Mourão viajou para os Estados Unidos. Entre seus compromissos, constava uma palestra sobre os cem dias do governo Bolsonaro no Brazil Conference, evento anual promovido por alunos da Universidade Harvard e do MIT (Massachusetts Institute of Technology), em Cambridge, Massachusetts. No dia 7, um domingo, o vice se apresentou para um auditório lotado. Em sua fala inicial, lida em português, fez um retrospecto da "sistemática perversa [que] afundou o país" nos governos Lula e Dilma, criticou o excesso de regulamentação que "trava a produtividade e o empreendedorismo", defendeu a urgência das reformas da Previdência e tributária, do ajuste fiscal e da aceleração das privatizações. No minuto final, citou Bolsonaro. "Ele está trabalhando para as próximas gerações, e não para as próximas eleições." Na segunda parte do evento, respondeu com segurança e números na ponta da língua a perguntas sobre o desmatamento da Amazônia, o sistema prisional, a reforma educacional, projetos para ciência, tecnologia e telecomunicações, a relação do governo com o Congresso. Foi aplaudido mais de dez vezes. Algumas de suas respostas provocaram risadas cúmplices da plateia, como quando lhe perguntaram o que faria de diferente se fosse o presidente do Brasil. A parceria com Bolsonaro era "total", ele disse, mas "talvez", por sua personalidade, "escolhesse outras pessoas para trabalhar" com ele. Ao final da apresentação, foi aplaudido de pé. Fernando Henrique Cardoso, que havia participado de um painel no mesmo evento, estava no auditório e também se levantou para bater palmas.

Pouco antes da palestra, FHC e Mourão haviam se encontrado pela primeira vez. Como ocorre com autoridades que visitam Harvard, ao vice-presidente brasileiro foi oferecida uma sala para receber visitantes durante sua estada na universidade. Vizinha a essa sala, havia uma destinada ao ex-presidente Fernando Henrique. Ao ver FHC chegando ao lado da mulher, Patrícia, o assessor de imprensa de Mourão avisou o chefe. O vice foi cumprimentar o ex-presidente e os fotógrafos registraram a cena. Na imagem, Mourão e FHC, lado a lado, sorriem.

Mourão ainda visitou Washington antes de embarcar para o Brasil. Estava radiante com o sucesso da viagem. No Legacy da FAB, passou boa parte das quase dez horas do voo tomando uísque Macallan e jogando pôquer com o assessor Stumpf, o ajudante de ordens major Dias e o diplomata Juliano Féres Nascimento, chefe de sua assessoria diplomática e patrocinador da garrafa de puro malte.

No desembarque, em Brasília, o carro da Vice-Presidência aguardava a comitiva na pista da Base Aérea. De pé, ao lado do veículo, estava o general César Leme, chefe de gabinete de Mourão. Quando o grupo se aproximou, o general cumprimentou o chefe e, em seguida, chamou Stumpf de lado. Nervoso, perguntou ao jornalista: "O que você foi inventar? Está a maior gritaria por causa daquela foto". No dia seguinte, uma cerimônia no Palácio do Planalto comemorava os cem dias de governo Bolsonaro. Mourão foi ao evento e, quando voltou a seu gabinete, assessores notaram que todo o bom humor da viagem havia se esvaído. "Foi uma merda lá", disse a auxiliares. O vice contou que Bolsonaro havia ficado furioso com a foto dele com FHC e chegou a lhe perguntar: "E ainda tinha que ficar rindo pro homem, pô?".

O purgatório do vice não terminaria ali. Seis dias depois da cerimônia no Planalto, o vice-líder do governo no Congresso, o deputado federal Marco Feliciano, entrou com um pedido de impeachment contra Mourão. No pedido, logo recusado por Rodrigo Maia, o pastor acusava o general de "conduta indecorosa, desonrosa e indigna" e de "conspirar" para destituir Jair Bolsonaro e se apropriar do cargo. Feliciano diz que não consultou o presidente para fazer o pedido. "Eu sabia que ele iria me apoiar. Tanto que, quando ficou sabendo o que eu havia feito, deu uma gargalhada e me disse: 'Você é terrível, Feliciano!'." O deputado, no entanto, admite que Olavo de Carvalho o incentivou a tomar tal iniciativa. Feliciano foi aluno do curso de filosofia on-line de Carvalho e havia visitado o mestre naquele mês em sua casa na Virgínia.

Ex-astrólogo com um fraco por escatologias e obsceni-dades, Olavo de Carvalho continua a ser uma das principais vozes do bolsonarismo, mas àquela altura sua influência no governo ainda estava sendo medida — e o tempo mostrou que foi francamente superestimada. O guru dos filhos de Bolsonaro vinha espicaçando Mourão havia algum tempo. No dia 20 de abril, retomou o ataque com um vídeo em que perguntava: "Qual a última contribuição das escolas milita-res à alta cultura nacional?". Ao que ele mesmo respondia: "As obras do Euclides da Cunha". E continuava: "Depois de então, foi só cabelo pintado e voz impostada. E cagada, ca-gada". Dado que semanas antes ele havia chamado de "idio-ta" o vice-presidente, de quem se costuma dizer que tinge o cabelo (Mourão nega e atribui o preto retinto dos fios a antepassados indígenas), restavam poucas dúvidas sobre a quem Carvalho se referia. Pelas mãos de Carlos, que tem as senhas das redes sociais do pai, o vídeo do professor foi parar na conta oficial de YouTube do presidente.

Bolsonaro mandou o filho apagar o vídeo, Carlos se recusou. Não era hora de colocar lenha na fogueira, dis-se o presidente, e insistiu para que o filho tirasse o vídeo daquela conta. Os dois discutiram pelo telefone. Foi só na manhã seguinte, domingo, que Carlos apagou o vídeo do canal de Bolsonaro — mas replicou-o em seu próprio Twitter às 11h49. A partir daí, calou-se. Desapareceu das redes, sumiu de casa e desligou o celular.

Jair Bolsonaro ficou transtornado. Teclou para os amigos do filho perguntando sobre seu paradeiro. Telefo-nou para o próprio e lhe mandou seguidas mensagens de

WhatsApp — todas sem acusação de recebimento. Naquele dia, o presidente não desgrudou do celular e mal conseguiu despachar. Antigos colaboradores já haviam presenciado cenas parecidas. Ainda durante a campanha eleitoral, Carlos havia ameaçado ir "embora para nunca mais voltar" caso o pai insistisse em nomear seu desafeto, o advogado Gustavo Bebianno, ministro da Secretaria-Geral da Presidência. Na ocasião, Bebianno ganhou a briga com o Zero Dois. No dia 21 de novembro, o advogado foi anunciado como titular da pasta, um dos últimos ministros do novo governo a ter o nome confirmado. Em protesto pela nomeação de Bebianno, Carlos, licenciado da Câmara dos Vereadores do Rio para se dedicar à campanha presidencial, fez as malas e abandonou o front — como repetiria, cortou a comunicação com o pai e o mundo. Bolsonaro ficou "fora de si" com o sumiço do filho, lembra um colaborador da época. O ex-capitão teme que o filho, usuário de medicamentos para estabilização de humor, "faça uma besteira". Esse temor foi confirmado por dois amigos próximos do presidente, dois ex-aliados e dois generais com assento no Planalto.

Como no episódio do vídeo, naquele dia Carlos sumiu. Só voltou a dar sinal de vida à noite, no Twitter. Às 22h53, escreveu: "Começo uma nova fase em minha vida. Longe de todos que de perto nada fazem a não ser para si mesmos. O que me importou jamais foi o poder. Quem sou eu neste monte de gente estrelada?".

Como Bolsonaro soube depois, Carlos havia viajado para Florianópolis para um curso de dois dias sobre manejo de pistolas no Clube de Tiro .38. De lá, o Zero Dois voltou a lançar petardos contra o vice. No dia 23, terça-feira, às

8h19, abriu fogo para valer. Postou no Twitter o convite que o Brazil Institute, departamento do centro de pesquisas americano Wilson Center, havia enviado a Mourão chamando-o para ministrar a palestra feita em Washington logo depois do Brazil Conference. O texto que apresentava o general (e que depois Mourão afirmou não ter lido) dizia que os primeiros cem dias do governo Bolsonaro haviam sido marcados por uma "paralisia política" causada pelo próprio presidente e seu círculo mais próximo. Dizia ainda que, nesse contexto, Mourão surgia como a "voz da razão e moderação". Embaixo do convite, Carlos escreveu: "Se não visse [o convite], não acreditaria que [Mourão] aceitou com tais termos".

Mourão deu várias cambalhotas profissionais num espaço de dois anos. Em 2015, durante o governo Dilma Rousseff, quando ocupava o prestigioso posto de comandante militar do Sul, organizou uma homenagem ao coronel Carlos Brilhante Ustra, morto naquele ano. A iniciativa de prestigiar o único militar reconhecido como torturador pela Justiça lhe custou o cargo: foi demitido por Villas Bôas, então chefe do Exército, e deslocado para uma função burocrática em Brasília, a chefia da Secretaria de Economia e Finanças do Exército. Nem por isso resolveu ficar calado. Em dezembro de 2017, criticou publicamente o então presidente Michel Temer, na época alvejado pelo escândalo da JBS. Em palestra feita no Clube do Exército, em Brasília, afirmou que o presidente, seu superior hierárquico, só continuava no poder porque havia transformado o governo num balcão de negócios. A mando, agora do palácio, Mourão foi exonerado pela segunda vez. Em março de 2018, passou para a reserva e se mudou para o Rio. Lá assumiu a presidência do Clube Militar, um espaço em que os generais, longe da ativa, ficam à vontade para fazer política.

Mourão chegou ao Clube Militar disposto a formar uma bancada de seus pares no Congresso. Desde a eleição de 2016, era notória a explosão do número de candidatos egressos das fileiras militares. Ele dizia que o clube deveria dar "suporte intelectual" e formatar uma "linguagem comum" para o grupo que se lançava no cenário político. Colegas o desencorajaram — muitos já haviam tentado fazer o mesmo, sem sucesso. O general Gilberto Pimentel, seu antecessor na presidência da instituição, chegou a lhe dizer: "O eleitor gosta de nós, mas nos quer fora da política". Ao que Mourão respondeu: "O momento agora é outro. Vamos na onda do Bolsonaro".

Na época, Mourão garantia que seu interesse consistia em formar políticos entre os militares, não buscava lançar o próprio nome. Ganhou quem não acreditou nele.

O processo de escolha do general como vice de Bolsonaro ajuda a explicar a relação que se estabeleceria entre os dois depois do pleito eleitoral. Mourão foi a quinta opção do candidato e recebeu o convite só no último dia de inscrição da chapa.

O plano A do ex-capitão era o senador Magno Malta, da bancada evangélica do PR. Malta, depois de aceitar a missão, voltou atrás. No final de março de 2018, disse a Bolsonaro que ficava muito honrado com o convite para compor a chapa com ele, mas abria mão do privilégio por

98

julgar que poderia ser mais útil no Senado — como líder, ou mesmo presidente da Casa. O anúncio oficial de sua desistência foi feito apenas em julho. No círculo familiar e de amigos íntimos de Bolsonaro, a recusa caiu mal — sugeria que o senador não estava convencido da vitória do ex-capitão. Ao final, porém, quem não se elegeu foi ele. Além de ficar sem mandato, também perdeu a chance de ganhar um cargo no governo — havia sido cotado para assumir o que inicialmente se chamaria "Ministério da Família" e que, ao final, virou o Ministério da Mulher, da Família e dos Direitos Humanos, assumido por sua ex-assessora Damares Alves. Pouco antes da eleição, Malta separou-se da mulher, a deputada federal e cantora gospel Lauriete, que o acusou de traição. Evangélica como a primeira-dama, a deputada contou com a solidariedade de Michelle, que vetou o ingresso de Malta no governo, ele próprio ex-pastor evangélico.

O plano B era o general Augusto Heleno.

O militar foi convidado a ocupar a vaga no dia 2 de abril, no enterro do chefe de gabinete de Bolsonaro, o capitão do Exército Jorge Francisco, pai do atual ministro da Secretaria-Geral da Presidência, o major Jorge Antônio Francisco. Segundo Heleno, Bolsonaro estava muito abalado com a morte, por infarto, de seu funcionário e amigo de duas décadas, e chorou diversas vezes. Terminada a cerimônia, o então candidato à Presidência pôs o braço sobre os ombros de Heleno e disse: "General, vou precisar do senhor. Quero que seja meu vice".

Heleno gostou da ideia: "Ah, é? E como é que eu faço? Não sou filiado a partido nenhum".

"Vai pro partido onde está o general Paulo Chagas. Não vai pro PSL, não." Bolsonaro estava rompido com o PSL do Distrito Federal porque a sigla havia se coligado com o MDB local. Assim, pediu a Heleno que fosse para o PRP, o partido pelo qual o general Paulo Chagas, seu amigo, concorria ao governo do DF. A ficha de filiação do general ao PRP seguiu para a Justiça Eleitoral nas últimas horas do último dia do prazo legal, 7 de abril. Dez dias depois, o general Chagas o convidou para um jantar no hotel Windsor, em Brasília, com o presidente do partido, Ovasco Resende. "Eu achava que era um jantar de comemoração", diz Heleno.

Além de Chagas e Resende, estavam presentes Bia Kicis, depois eleita deputada pelo PSL; o presidente do PRP no DF, Adalberto Monteiro; e o Coronel Meira, candidato a deputado federal pelo PRP de Pernambuco. O general Heleno conta como foi: "Jantamos, jantamos e nada. Quando chegou a sobremesa, eu falei: 'Vem cá, eu vim aqui achando que era para tratar da vice e ninguém falou nada sobre isso até agora. E aí?'".

Nesse instante, Ovasco Resende disse que, infelizmente, o PRP tinha um acordo com seus diretórios estaduais que garantia autonomia para cada um apoiar o candidato à Presidência que desejasse, e por esse motivo o PRP não poderia fazer parte da chapa de Bolsonaro. Em outras palavras, o PRP não cederia a legenda para Heleno concorrer como vice. Como o prazo de filiação partidária havia terminado e o general não tinha mais tempo para procurar outra sigla, ele não podia participar da chapa presidencial. "Fiquei com cara de vaca e fui embora", conta Heleno. Em casa, telefonou para Bolsonaro: "Melou. O doutor Ovasco disse que o PRP não vai investir na minha candidatura. Você tem que procurar outro vice". "Vou falar com o Bebianno pra ele resolver isso daí", respondeu o candidato.

A pedido de Bolsonaro, Gustavo Bebianno e Julian Lemos viajaram no dia seguinte para São Paulo com a missão de convencer Ovasco a dar a legenda para Heleno sair como vice na chapa de Bolsonaro. Nada feito. Horas depois da chegada, Bebianno ligou para o ex-capitão: "O Ovasco está irredutível, não quer conversa". Tempos depois, o general Heleno diria a interlocutores que aquela havia sido a maior derrota da sua vida. Ele queria muito ser vice de Bolsonaro.

Janaina Paschoal foi a terceira. Depois eleita pelo PSL a deputada estadual mais votada por São Paulo, a professora e advogada chegou a ficar a um passo de compor com Bolsonaro a chapa vitoriosa — e, ao contrário da versão divulgada à época, não foi ela, sozinha, quem decidiu pular fora do barco.

Bebianno lhe apresentou o convite ao final da mesma viagem que fez a São Paulo para convencer o presidente do PRP a endossar o nome do general Heleno. Dado o fracasso da missão, ele telefonou a Bolsonaro perguntando se poderia investir na advogada. O ex-capitão se entusiasmou com a possibilidade de ter como vice a autora do pedido de impeachment da petista Dilma Rousseff. A quem lhe dizia que Paschoal tinha convicções fortes demais, o ex-capitão respondia: "Ela é o Jair de saias!". Bebianno conversou com a advogada e a convenceu a comparecer à convenção nacional do PSL — que aconteceria naquele fim de semana, no Rio, e onde, esperava-se, o partido anunciaria o segundo nome da chapa presidencial.

No dia 22 de julho, Janaina Paschoal foi apresentada a Bolsonaro no Centro de Convenções Sul-América. Os dois conversaram por trinta minutos em meio à balbúrdia do evento e na presença de uma multidão de colaboradores. Em seguida, subiram ao palco. A advogada foi recebida com gritos de "Vice!" e sentou-se ao lado do candidato. O discurso que fez diante das 2 mil pessoas que lotavam o Centro de Convenções, no entanto, esfriou a militância e colocou uma pulga atrás da orelha do ex-capitão. Paschoal criticou o comportamento dos bolsonaristas ao dizer que "não se ganha eleição com pensamento único" e afirmou que os seguidores de Bolsonaro tinham uma "ânsia de ouvir um discurso inteiramente uniformizado". Terminou pedindo que a plateia refletisse "se não estamos fazendo o PT ao contrário". Como disse um aliado de Bolsonaro, a professora "falou a coisa certa no lugar e no momento errado".

"A Janaina jogou água no meu chope", reclamou Bolsonaro a uma correligionária em mensagem de WhatsApp naquela noite. Mesmo decepcionado com o discurso da professora na convenção, ele gostava da ideia de ter na chapa alguém que, pensava ele, poderia aplacar a rejeição do eleitorado feminino ao seu nome. Bebianno era o maior entusiasta dessa indicação. Paschoal, por sua vez, enfrentava tanto a resistência da família como a desconfiança das hostes bolsonaristas sobre seu perfil e grau de engajamento na campanha.

Aliados do ex-capitão a todo momento lhe pediam provas de que estava disposta a beijar a cruz de Bolsonaro.

Perguntavam-lhe: "Se o capitão fizer uma piada machista, a senhora vai ficar ofendida?"; "A senhora jura que não é mesmo do PSOL?"; "Fala a verdade, você é globalista?" Um chinês mandou uma mensagem para o Bolsonaro dizendo que você era globalista". Quando Paschoal disse que gostaria de ver as propostas do PSL para a educação e a saúde, um coordenador da campanha lhe respondeu: "Ou você confia ou não confia". Um dos colaboradores mais próximos do candidato chegou a lhe dizer, a fim de atestar sua confiança incondicional na honestidade e nas boas intenções do candidato: "Se o Jair mandar eu tirar a roupa agora e sair correndo pela Paulista para pegar um envelope, eu obedeço sem nem perguntar por quê. Você pode confiar cegamente nele".

Além de insistir em conhecer detalhes sobre o programa de governo, conflitos de outra ordem fizeram com que a advogada passasse a desagradar ao grupo bolsonarista. Ela se recusava, por exemplo, a participar de reuniões feitas no quarto de hotel do candidato, onde uma dezena de colaboradores costumava se encarapitar na cama ou se apoiar sobre os móveis. Exigiu que alugassem uma sala. Atitudes assim foram interpretadas por aliados do ex-capitão como falta de compromisso com a campanha.

Menos de duas semanas depois da convenção, Bolsonaro pediu a Bebianno que "desconvidasse" a advogada: "Essa mulher vai pedir o meu impeachment", afirmou. Àquela altura, porém, Paschoal tinha chegado à conclusão de que só aceitaria compor a chapa presidencial se, em caso de vitória, Bolsonaro topasse deixá-la baseada em São Paulo, como queria a família dela. A condição, que o ex-capitão disse não

103

poder aceitar, facilitou o desfecho do caso — e assim, para todos os efeitos, Janaina Paschoal teria declinado de compor a chapa por uma decisão exclusivamente dela. "Chama o príncipe", disse Bolsonaro a Bebianno. "Príncipe" é o título fantasia do hoje deputado Luiz Philippe de Orléans e Bragança, que nunca esteve na linha direta da sucessão imperial. Orléans e Bragança, por ser olavista, tinha a simpatia de Carlos Bolsonaro. No mesmo dia 3 de agosto em que o ex-capitão pediu a Bebianno que desconvidasse Paschoal, o candidato almoçou com Orléans e Bragança no restaurante Esplanada Grill de Ipanema. Carlos Bolsonaro e Julian Lemos também estavam à mesa. O almoço foi até tarde. Assim que terminou, o nome do príncipe foi enviado ao TSE como vice de Jair Bolsonaro na disputa ao Planalto. Mas, de novo, a chapa não sobreviveu mais que 24 horas.

Às quatro horas da madrugada de sábado, Bolsonaro telefonou para Bebianno. Disse ter recebido de "amigos da PF" um "dossiê" com fotos mostrando que o descendente da antiga casa imperial brasileira participava de "surubas gay" e integrava um grupo de lutadores de artes marciais que tinha por hábito espancar moradores de rua de madrugada. Em novembro, Orléans e Bragança confirmou ter tomado conhecimento da notícia de que Bolsonaro recebera um relatório contra ele e negou todo o seu conteúdo: "Eu não sou gay e nem sei onde é que faz suruba gay".[27]

Bolsonaro encerrou a conversa com Bebianno informando que Orléans e Bragança não seria mais o candidato a vice: "Vai ser o Mourão".

"Mas, capitão, os papéis com o nome do príncipe já foram para o TSE."

104

"Vai ter que trocar."

Pouco antes, Bolsonaro havia telefonado para Mourão comunicando que o havia escolhido. "Estou pronto", respondeu o general. Amanhecia o dia 5 de agosto, última data permitida pelo TSE para os partidos anunciarem suas chapas completas. Orléans e Bragança havia recebido às 6h30 o telefonema de Bebianno lhe comunicando que Bolsonaro havia mudado de planos e indicara Mourão para ocupar o lugar dele. "O príncipe ficou aborrecidíssimo", lembra Bebianno. Orléans e Bragança chegou a ir à convenção estadual do PSL em São Paulo na expectativa de ouvir do próprio Bolsonaro explicações sobre a sua destituição. No evento, porém, o ex-capitão fugiu do príncipe e, em seu discurso, não tocou no assunto da definição da chapa. Quando o encontro do PSL terminou, Bolsonaro embarcou num carro e seguiu para o Esporte Clube Sírio, onde acontecia a convenção do PRTB. Lá, anunciou o general Mourão como seu vice.

Hamilton Mourão é, na maior parte do tempo, um sujeito tranquilo e bem-humorado. Mas naquela terça-feira em que Carlos Bolsonaro postou o tuíte sobre o convite do Wilson Center, o general chegou espumando ao gabinete. Logo na entrada, respondeu com um palavrão quando um assessor lhe disse que a imprensa estava em peso do lado de fora — os jornalistas queriam um comentário sobre o último ataque que o filho do presidente desferira contra ele. "Esse filho da puta desse moleque! Não vou falar com ninguém", respondeu o vice.

No mesmo horário em que ele esbravejava, Carlos tuitava mais uma vez: "Quando a única coisa que lhe resta é o último suspiro de vida, surgem estas pérolas que mostram muito mais do que palavras ao vento". Abaixo do texto, replicou um vídeo em que Mourão falava que uma guerra civil na Venezuela "seria horrível para o hemisfério como um todo". Assim como os generais do Planalto, Mourão era contra qualquer manifestação de apoio ao uso da força para tirar do poder o ditador Nicolás Maduro. Carlos discordava. Seu irmão Eduardo também. Pouco antes, quando perguntaram ao Zero Três sobre as alternativas para resolver o conflito, ele havia ecoado o presidente americano Donald Trump dizendo que "todas as cartas estão na mesa".

No final daquela tarde, Bolsonaro determinou a Otávio do Rêgo Barros que fizesse um pronunciamento à imprensa. O comunicado apontava, sem deixar margem a dúvida, de que lado estava o presidente na contenda entre seu filho e o vice. Por meio do porta-voz, o presidente afirmava querer colocar um "ponto-final" na "pretensa discussão" em curso, mas lembrava: "[Carlos] é sangue do meu sangue". Disse Rêgo Barros: "De uma vez por todas, o presidente gostaria de deixar claro o seguinte: quanto a seus filhos, em particular ao Carlos, o presidente enfatiza que ele sempre estará a seu lado. O filho foi um dos grandes responsáveis pela vitória nas urnas, contra tudo e contra todos". Para o vice sobrou apenas uma menção protocolar: ele "terá a consideração e o apreço" do presidente, disse o porta-voz.

O pronunciamento não acalmou o Zero Dois. Minutos depois do comunicado, Carlos postou novo tuíte: "Naquele fatídico dia em que meu pai foi esfaqueado por ex-integrante do PSOL e o tal de Mourão em uma de suas falas disse que aquilo tudo era vitimização". Quatro dias depois da facada, em uma entrevista à GloboNews, Mourão afirmou que "a palavra de ordem" naquele momento era "reduzir as tensões". Para o general, o "confronto [...] não faz bem para ninguém e é péssimo para o país". Em seguida, declarou: "Esse troço já deu o que tinha que dar. É uma exposição que eu julgo que já cumpriu sua tarefa. Ele [Bolsonaro] vai gravar vídeo do hospital, mas não naquela situação, não propaganda. Vamos acabar com a vitimização, chega".

Carlos foi dormir postando textos contra o "tal de Mourão" e amanheceu tuitando contra ele. Ficou os vinte dias seguintes sem falar com o pai, sem responder a suas mensagens ou atender a seus telefonemas. Bolsonaro insistia diariamente na reconciliação.

No dia 8 de maio, o presidente foi ao Rio e anunciou que o Grande Prêmio do Brasil de Fórmula 1 voltaria a ser realizado naquela cidade, num autódromo novo a ser construído na Zona Norte. Carlos, fã de Fórmula 1 e defensor da ideia, vibrou. No mesmo dia, o governo confirmou que o diretor-geral da Abin, Janér Alvarenga, seria substituído. A partir dali, o novo titular da agência passaria a ser Alexandre Ramagem, delegado da Polícia Federal. Pouca coisa poderia deixar o Zero Dois mais satisfeito.

O delegado Ramagem foi quem assumiu a segurança de Bolsonaro após a facada e, desde então, ganhara a confiança do filho do ex-capitão. Na fase de transição do governo Temer para o governo Bolsonaro, em dezembro de 2018, Carlos chegou a montar uma equipe de três policiais federais que, chefiados por Ramagem, teriam a função de proteger fisicamente o presidente e identificar "esquerdistas" infiltrados no palácio. A equipe de Ramagem ficaria sob a responsabilidade de Leonardo Rodrigues de Jesus, o Léo Índio, um primo de Carlos — os dois chegaram a dividir a casa no condomínio da Barra.

Na época, partiu do general Valério Stumpf o primeiro alerta sobre a falta de cabimento da iniciativa. Então secretário executivo do GSI, nomeado ainda no governo Temer, depois chefe da Secretaria de Economia e Finanças do Exército, o general lembrou que o plano do Zero Dois atropelava tanto o GSI (que tem entre suas funções zelar pela segurança do presidente da República) quanto a Abin (responsável pelo levantamento de dados sobre os servidores do governo). Em janeiro, a ideia da "Abin paralela" foi descartada pelo general Heleno, ministro do GSI.

Carlos, então, tentou encaixar Léo Índio na Secretaria de Governo. De novo, foi barrado pelo titular da pasta, o general Santos Cruz. Ao deparar com o pedido de contratação do primo de Carlos sobre sua mesa, o ministro procurou o presidente: "Bolsonaro, tem uma coisa aqui que eu não posso fazer. Não posso contratar esse menino como DAS 5".

O nível DAS 5 é o penúltimo mais alto entre os cargos comissionados do governo federal, com salário de 13 mil reais. Naquele momento, a Controladoria-Geral da União preparava um decreto destinado a profissionalizar a gestão pública que, pela primeira vez, estabelecia critérios técnicos para contratação em funções de confiança. Pelo decreto, que passou a vigorar em março de 2019, um postulante a DAS 5 teria de cumprir pelo menos uma de três exigências: ter experiência de no mínimo cinco anos em atividade correlata à função a ser exercida; ter ocupado cargo ou função de confiança no poder público por três anos; possuir mestrado ou doutorado na área em que atuará. Léo Índio, como explicou Santos Cruz a Bolsonaro, não atendia a nenhum desses critérios; nem mesmo tinha curso superior. "Depois", emendou o general, "isso aí vai ser ruim pra você." Bolsonaro não gostou do conselho, mas engoliu. Carlos ficou furioso e guardou em banho-maria a vingança pelo veto ao primo.

Léo Índio ficou num limbo que durou até o final de abril, quando foi nomeado assessor parlamentar do senador Chico Rodrigues, do DEM de Roraima, com salário de 14 mil reais. Já o delegado Ramagem foi acomodado na Secretaria de Governo como assessor especial, cargo em que permaneceu até Bolsonaro promovê-lo a diretor da Abin. O posto é historicamente ocupado por funcionários de carreira da agência. A nomeação de um "elemento estranho" para dirigi-la, e ainda mais proveniente da PF, com quem a Abin sempre viveu às turras, provocou um zum-zum de descontentamento no órgão. No dia do anúncio da nomeação, um constrangido general Heleno, a quem a Abin está subordinada, se apressou em dizer que nada tinha a ver com a história — Ramagem teria sido uma escolha do presidente. "Nós vemos uma troca sem traumas, não há nada contra o atual diretor da Abin. Troca feita por orientação do presidente, buscando uma nova situação para a inteligência", disse. Ramagem responde diretamente ao presidente.

O Zero Dois, mais uma vez, tinha conseguido o que

queria. No domingo, dia 14 de abril, depois de quase um mês sem falar com o pai, ele concordou em fazer as pazes.

Carlos sempre foi o filho "que topou todas as loucuras do Jair", como diz um assessor e amigo do clã. Em 2000, Jair Bolsonaro e Rogéria Nantes Braga — mãe de Flávio, Carlos e Eduardo —, separados havia três anos, ainda tinham uma relação difícil. Ela era vereadora do Rio de Janeiro pelo PMDB e tentava a reeleição para seu terceiro mandato. Havia sido eleita pela primeira vez na década de 1990 graças à notoriedade do marido, que, depois de conquistar um mandato na Câmara Federal, resolveu lançar a mulher na política para que herdasse seus votos no Rio. Após a separação, no entanto, ele não queria que a ex se elegesse com seu sobrenome. Para evitar que isso acontecesse, tentou lançar o filho mais velho para concorrer com ela. Flávio, que morava com a mãe, não comprou a ideia. Carlos, que ficou com o pai, topou.

O segundo filho de Bolsonaro tinha dezessete anos e cursava o ensino médio. Teve de ser emancipado para entrar na disputa. Na campanha, aliados de seu pai divulgaram que o rapaz era o "Bolsonaro certo" e Rogéria, a "Bolsonaro errada". Carlos foi eleito com 16 053 votos, o mais jovem vereador do Rio. Rogéria, com 5109, amargou a suplência e o fim da carreira política. Bolsonaro negou que tivesse fomentado uma disputa entre o filho e a mãe. "Não foi uma eleição de filho contra mãe, mas sim de filho com o pai. Para mim, ela já está morta há muito tempo", disse na ocasião.[28] O Zero Dois exerceu o mandato enquanto cursava ciências aeronáuticas na Universidade Estácio de Sá.

Carlos obteve o perdão da mãe, mas, mais tarde, voltou-se contra o pai, com quem ficou sem falar por anos. Sentiu que ele o usara para prejudicar a ex-mulher.[29] O casal havia se separado em 1997 e logo em seguida Bolsonaro casou com Ana Cristina Siqueira Valle, a assessora parlamentar com que já vinha se relacionando durante o casamento e a quem havia engravidado. Em 1998, nasceu Jair Renan. Carlos sempre foi um vereador sem destaque na Câmara, sem nunca ter feito um discurso nem apresentado um projeto de impacto. Entre os poucos que conseguiu aprovar, consta uma lei que condiciona a mudança de nomes de ruas ao apoio de moradores, e outra que proíbe a afixação de propaganda em postes e viadutos.

O Zero Dois nasceu em 1982 em Resende (RJ), sede da Academia Militar das Agulhas Negras, onde seu pai se formou oficial do Exército. Ao contrário da maior parte dos meninos com quem brincava, ele e os irmãos não puderam estudar em colégios militares — naquela época o pai deles era o "capitão da bomba" e vivia o auge de suas refregas com o ministro do Exército, o general Carlos Tinoco. Em entrevista dada em março de 2019 no canal de YouTube de Leda Nagle, quando a jornalista lhe perguntou por que nem ele nem seus irmãos haviam estudado em colégios militares, o vereador disse que "os ministros [das Forças Armadas] da época dificultaram que isso acontecesse". O jovem cursou o ensino fundamental no Colégio Batista Brasileiro, e o médio no Palas, na Barra da Tijuca. Quando tinha sete anos de idade, a família costumava passar três em cada quatro fins de semana na praia do Forte do Imbuí, em Niterói. Era uma "praia do Exército", por sediar a 1ª Bateria do 1º Grupo de Artilharia de

Costa Mecanizado. No dia 8 de abril de 1990, os Bolsonaro foram barrados na entrada da praia "por ordem do comando", segundo explicou um tenente ao patriarca. Na ocasião, o então vereador e já ex-capitão reclamou em entrevistas que, enquanto falava com o tenente, via "civis e militares de patentes inferiores entrando tranquilamente" na praia, e o veto o fez sentir-se "ofendido e humilhado".[30] Embora tenha dito a Leda Nagle que o mal-estar entre o pai e os generais fora superado "de uns dez anos para cá", Carlos não perde a chance de mostrar que, pelo menos no que lhe diz respeito, o ressentimento permanece. Basta que o núcleo militar do governo tome uma iniciativa que o desagrade e ele reitera: "Os generais nunca gostaram do meu pai".

Carlos venera o pai, a ponto de ter tatuado no braço o rosto dele. No dia da posse, resolveu na última hora subir no Rolls Royce que levaria o presidente e a primeira-dama pelo Eixo Monumental até o Palácio do Planalto. Naquele dia, teria sentido "algo ruim" no ar, e entrou no carro disposto a defender o pai "com a própria vida". Mais tarde, quando Bolsonaro desfilou em carro aberto nas comemorações do Sete de Setembro, Carlos repetiu o gesto.

O presidente nunca escondeu ter uma relação diferente com o Zero Dois, que apelidou de pitbull. "Tenho três filhos que [sic] converso. Os outros [Jair Renan e Laura] são novos. Carlos é o filho que [sic] dou atenção especial, não nego", disse em junho.

Carlos tem certeza de que a maior parte das pessoas que se aproxima de seu pai "quer aparecer às custas dele". Julian Lemos, eleito deputado federal pelo PSL em 2018 e um dos cabos eleitorais mais atuantes na campanha de Bolsonaro à

Presidência, foi uma das primeiras vítimas dessa sua convicção. Em 2015, quando tinha uma empresa de segurança particular na Paraíba, Lemos se ofereceu como voluntário na campanha de Bolsonaro, depois de receber o candidato num evento organizado por grupos de direita em João Pessoa. O encontro terminou em tumulto e quebra-quebra, num confronto entre apoiadores do candidato e representantes de movimentos sociais e indígenas. Funcionários da empresa de segurança de Lemos chegaram a tomar flechadas no braço. "Era uma época em que você dizer que era de direita era um pecado", lembra o ex-empresário. "Jair era visto como homofóbico, racista, essas coisas plantadas pela esquerda que ele nunca foi. Essas inverdades faziam com que não fosse bem-vindo em muitos lugares."

Junto com Bebianno, Lemos tornou-se homem de confiança de Bolsonaro na campanha — assessor, conselheiro e segurança. Mais tarde, assumiu a coordenação da campanha no Nordeste. E foi aí que começaram os conflitos com o filho do ex-capitão, que o acusou de "sempre aparecer atrás dele [Bolsonaro]" em fotos e imagens de tv. Na mesma época, um dossiê surgido misteriosamente denunciava Lemos como protagonista de episódios de violência doméstica (que o deputado admite). Mais tarde, já com Bolsonaro eleito, chegaram aos ouvidos do presidente informações de que Lemos vinha pressionando ministros para nomear aliados seus no governo (o que ele nega).[31] Hoje, quando Bolsonaro encontra o ex-colaborador de primeira hora, cumprimenta-o friamente.

O empresário Paulo Marinho, cuja casa no Jardim Botânico, no Rio, serviu de QG e estúdio de gravação da campanha, e que foi nomeado suplente de Flávio Bolsonaro no Senado, nem ao menos foi convidado para a posse do presidente. Um dos motivos foi que, ainda durante a eleição, Carlos soube que o empresário havia sido visto num restaurante almoçando com o colunista do *Globo* Lauro Jardim — inimigo figadal do clã, na visão do Zero Dois. Em 100% dos casos, o presidente acabou comprando a briga do filho. Depois do pronunciamento em que o porta-voz decretou um "ponto-final" na contenda com o vice, Mourão se calou. Suspendeu dezenas de entrevistas e evitou aparições públicas. Submergiu e sobreviveu. A animosidade entre ele e o presidente, porém, permaneceu.

Com Rodrigo Maia, se o processo foi semelhante, o mesmo não se pode dizer do desfecho. O presidente da Câmara começou a apanhar feio nas redes sociais em março, quando resolveu encabeçar a articulação pela aprovação da reforma da Previdência. "Representante da velha política" e "achacador" eram os termos mais brandos dedicados a ele por bolsonaristas convencidos de que parlamentares, Maia sobretudo, viam na reforma apenas um meio de auferir vantagens do Executivo. Na penúltima semana daquele mês, o deputado começou a ficar irritado. Reunido em seu gabinete com um grupo de líderes, abriu o celular e mostrou-lhes os xingamentos que vinha recebendo. Maia não é propriamente um aficcionado por redes sociais — suas contas no Facebook e Instagram sempre foram alimentadas por assessores. Parecia um pouco desorientado quando perguntou aos colegas de onde vinha tudo aquilo. Quem estaria despejando na rede aquela enxurrada de impropérios contra ele? Um dos parlamentares respondeu que aquilo parecia ser uma "ação de robôs". Maia ficou ainda mais confuso. Mandou que um assessor chamasse a deputada Joice Hasselmann, líder do governo no Congresso. "Ela entende desse negócio", disse. Maia mostrou à deputada as postagens ofensivas e perguntou: "Isso é coisa de robôs?". Hasselmann respondeu: "Que robô, o quê. Isso é coisa do Carlos".

Com sua resposta, a deputada quis dizer que o filho de Bolsonaro era o titereiro das falanges bolsonaristas contra o presidente da Câmara. Maia ficou colérico. Na manhã de quarta-feira, dia 20, quando conversava com integrantes do governo sobre o envio à Câmara do projeto da Previdência dos militares, chegou a dizer que não receberia mais coisa alguma. "Manda entregar na burocracia da Câmara", disse, referindo-se ao setor de protocolos da Casa.[32] A reação do deputado foi sentida no palácio. À tarde, Bolsonaro foi pessoalmente ao Congresso entregar a Maia o projeto da Previdência dos militares, num esforço de acalmar os ânimos.

Quanto menor e mais fraca for a base do governo na Câmara, mais o Executivo depende da figura do presidente da Casa. É ele quem define, por exemplo, a lista dos projetos que serão votados em plenário, a chamada Ordem do Dia. E, quando as votações estão em curso, as prerrogativas do cargo lhe permitem acelerar, atrasar ou mesmo derrubar a tramitação das pautas, inclusive as de interesse do governo. No caso de Maia, outro trunfo aumenta seu capital político junto ao Executivo. "O Rodrigo coloca na mesa trezentos votos fácil, o governo não coloca", diz um secretário do Ministério da Economia que acompanhou de perto as negociações de Maia para a votação da PEC da Previdência. "Ele pega o celular e, enquanto anda, vai falando: 'Diz pro deputado fulano pra ele não obstruir a sessão que eu já tenho garantida aquela relatoria que ele me pediu'. Ou: 'Fala pro deputado sicrano que eu conto com o voto dele e ele pode contar comigo praquela matéria dele entrar na pauta da semana que vem'."

O presidente da Câmara pouco sorri. Além do semblante sisudo na maior parte do tempo, cultiva hábitos que irritam alguns deputados, como o de manter uma conversa sem em nenhum momento olhar para o interlocutor. Responde com monossílabos, enquanto conserva a cabeça baixa e o rosto voltado para o celular, teclando ininterruptamente. Mas isso não o impede de ser reconhecido como um político habilidoso e cumpridor da palavra, predicados que ajudaram a atrair para sua órbita o Centrão. O bloco parlamentar formado por cerca de duzentos deputados de partidos como PP, PR, PSD e PRB estava sem liderança desde a cassação do ex-presidente da Câmara Eduardo Cunha, hoje inquilino de um presídio em Curitiba. Maia trouxe o Centrão para perto de si e, com ele, seus preciosos votos.

Na manhã seguinte à ida de Bolsonaro ao Congresso na tentativa de aplacar a ira de Maia, Carlos postou no Instagram: "Por que o presidente da Câmara está tão nervoso?". Era uma referência à prisão do sogro de Rodrigo Maia, o ex-ministro de Minas e Energia Moreira Franco, ocorrida dias antes. O post fez o deputado explodir. No mesmo dia ele telefonou para Paulo Guedes. Avisou que deixaria de trabalhar pela reforma. Se fosse para continuar sendo atacado nas redes sociais por filhos e aliados de Bolsonaro, o governo podia dispensar a sua ajuda. "Eu sou a boa política, e não a velha política. Mas se acham que sou a velha, estou fora."[33] Bombeiros entraram em ação. O ministro da Economia ficou encarregado de acalmar Maia. Bolsonaro foi aconselhado mais uma vez a conter o Zero Dois.

Onde terminava o pensamento de Carlos Bolsonaro e onde começava o de seu pai? Rodrigo Maia não era o único a se fazer essa pergunta quando, em uma entrevista à TV Bandeirantes, Bolsonaro deu uma pista. Quando lhe perguntaram sobre a briga com o presidente da Câmara, ele repetiu o que já havia sugerido o filho Carlos: ele devia estar "abalado com questões pessoais da vida dele". Enfurecido, Maia acusou o ex-capitão de estar "brincando de presidir o Brasil". Os ânimos esquentaram. Reuniões de emergência foram convocadas ao longo da tarde tanto no Congresso quanto no Planalto. O dia terminou com o dólar a quase 4 reais, o maior valor registrado em seis anos; a Bolsa caiu 3,1%. Tinha-se a sensação de que o governo não passaria daquela semana.

No dia seguinte, Bolsonaro decidiu, enfim, pôr panos quentes na situação. Ao fim de uma cerimônia pública, declarou a jornalistas que a crise com o presidente da Câmara era "página virada". "Foi uma chuva de verão e agora o céu está lindo", disse. Não estava, como viria mostrar o tonitruante mês de maio.

O governo estremece

Maio trouxe tormenta para Bolsonaro. O que começou com uma garoa em Brasília em poucos instantes se transformou numa tromba-d'água que desabou bem em cima do Palácio do Planalto. Depois daquela tempestade, o governo Bolsonaro nunca mais seria o mesmo — a começar por seu núcleo militar, o primeiro alicerce a balançar sob as chuvas e trovoadas daquele mês. No dia 5, o humorista Danilo Gentili desencavou uma entrevista de março em que o ministro da Secretaria de Governo da Presidência, general Carlos Alberto dos Santos Cruz, dizia à jornalista Vera Magalhães, da Jovem Pan, que o uso das redes sociais pelo governo deveria ser "disciplinado". Ouvida em seu contexto, a frase deixava claro que o general se referia ao uso das redes sociais por funcionários da administração pública. Segundo o militar, a prática de agentes do governo de recorrer ao Twitter e a outras plataformas da internet para se comunicar com o público teria de ser disciplinada "para evitar distorções". Abaixo da frase, o humorista escreveu que a afirmação lembrava as tentativas do governo petista de impor o controle da mídia.

Em poucas horas a milícia bolsonarista se voltou contra "o general que estava defendendo a censura nas redes". A hashtag "ForaSantosCruz" viralizou, num movimento que, quatro meses mais tarde, a revista *Crusoé* mostraria que pouco teve de espontâneo. Autor da reportagem, Felipe Moura Brasil teve acesso a áudios em que o assessor da Presidência Filipe Martins reclama da interferência do general que, ao segurar verbas de publicidade, impediria "a comunicação do governo de deslanchar". Nos áudios, Martins incentiva os influenciadores digitais bolsonaristas, muitos remunerados por sinecuras em gabinetes de aliados do presidente, a disseminar posts e memes contra Santos Cruz.[34] Eduardo e Carlos Bolsonaro ajudaram a engrossar a grita contra o militar postando em suas redes textos "em defesa da internet e da imprensa livre" — alvos que o general nunca atacou. Bolsonaro confirmou seu endosso aos ataques contra Santos Cruz ao escrever num tuíte que no governo não haveria espaço para nenhuma "regulamentação da mídia". "Quem achar o contrário, recomendo um estágio na Coreia do Norte ou Cuba", escreveu.

O post do presidente funcionou como uma senha para Olavo de Carvalho recarregar sua Winchester. O professor de filosofia on-line vinha fustigando Santos Cruz nas redes desde que, em abril, respondendo a uma pergunta de jornalistas, o general declarara que não conhecia nem tinha interesse em conhecer a obra do guru dos filhos de Bolsonaro. Em resposta, Olavo de Carvalho disse que o ministro não era "homem nem para ler o que eu escrevo" e o chamou de "bosta engomada". Horas depois de Bolsonaro publicar seu post, Carvalho voltou à carga munido de treze tuítes sequenciais contra o militar. "Controlar a internet, Santos Cruz? Controlar a sua boca, seu merda", dizia um deles.

Santos Cruz calçou seu primeiro sapato aos dez anos de idade. Nascido na zona rural de Rio Grande, no Rio Grande do Sul, ficou órfão de pai aos três meses, e aos cinco anos perdeu a mãe. Tinha dezesseis anos, e nenhum militar na família, quando passou no concurso para a Escola Preparatória de Cadetes do Exército em Campinas, São Paulo. Destacou-se no atletismo militar a tal ponto que algumas das marcas que fixou no Exército, já perto dos quarenta anos, demoraram quase uma década para serem batidas. Ocupou postos de comando importantes, tendo sido adido militar do Brasil na Rússia e liderado a missão de paz no Haiti. Em 2013, foi requisitado da reserva para comandar no Congo a primeira missão da história da onu de caráter ofensivo — com licença para matar. No país africano, há décadas assolado pela ação de grupos armados como o M23, ele comandou 22 mil capacetes azuis. A experiência, inédita, lhe valeu um convite do secretário-geral das Nações Unidas, António Guterres, para elaborar um estudo de redução de riscos e mortes nas missões da organização. O trabalho mudou os parâmetros de ação da onu e foi batizado de "Santos Cruz Report" ("Relatório Santos Cruz").

As credenciais do general o tornaram um nome admirado nas fileiras do Exército, de tal modo que os impropé-

rios contra ele mexeram com o brio da Força. Na segunda-
-feira, dia 6, depois da série dos treze tuítes, o general Villas
Bôas considerou que Olavo de Carvalho havia passado dos
limites: afrontava não apenas um general, mas o Exército.
Sem avisar Santos Cruz nem consultar o ministro Heleno,
a quem oficialmente responde como assessor especial do
Gabinete de Segurança Institucional, Villas Bôas ditou de
casa a um assistente o texto que postou no Twitter às 10h55.
Nele, dizia que o "senhor Olavo de Carvalho, a partir de seu
vazio existencial", mais uma vez "derrama seus ataques aos
militares e às FFAA". O ex-comandante do Exército afirmava que o guru dos Bolsonaro se mostrava um "verdadeiro
Trótski de direita" ao não compreender que "substituindo
uma ideologia pela outra não contribui para a elaboração
de uma base de pensamento que promova soluções concre-
tas para os problemas brasileiros". Concluía afirmando que
o motivo pelo qual Carvalho havia escolhido "os militares
como alvo" era a sua "impotência diante da solidez dessas
instituições e a incapacidade de compreender os valores e
princípios que as sustentam".
     A reação de Bolsonaro ao post de Villas Bôas pegou
de surpresa até seus assessores mais próximos. Em tuíte
postado no dia 7, terça-feira, longe de sinalizar apoio ao
Exército ou à manifestação de Villas Bôas, o presidente
fez um desbragado elogio a Olavo de Carvalho. Disse que
a obra do professor havia contribuído para sua vitória na
eleição, que ele havia se tornado um "ícone" e sempre teria
a sua admiração. "Quanto aos desentendimentos ora públicos contra os militares, aos quais devo minha formação

122

e admiração, espero que seja uma página virada por ambas as partes", escreveu o presidente.

"Porra, ele disse que iria fazer um tuíte pra pacificar!!!" A exclamação partiu do general Augusto Heleno. Às 9h30 daquela terça-feira, um coronel entrou no gabinete do chefe do GSI no quarto andar do Palácio do Planalto para lhe mostrar o tuíte do presidente. Heleno levou às mãos na cabeça. Mais tarde naquele dia, em sua sala — vizinha à de Heleno —, o general Villas Bôas demonstrava abatimento. Dizia-se decepcionado com Bolsonaro, que, "na condição de chefe das Forças Armadas", deveria ter defendido a instituição. Em Brasília, circulavam rumores de que os militares iriam desembarcar do governo. Seria verdade? O que iria acontecer a partir de então? A resposta de Villas Bôas foi triste e resignada: "Nada. Não vai acontecer nada".

Na opinião do ex-comandante do Exército, os militares não iriam se retirar do governo porque, antes de mais nada, encaravam "como missão" participar dele; depois, porque àquela altura a imagem do Exército já estava associada a Bolsonaro. O governo tinha de dar certo.

A fritura de Santos Cruz em praça pública e o desprezo de Bolsonaro pela manifestação de Villas Bôas em defesa do Exército minaram a força do núcleo militar no Planalto. O episódio ainda teve outros dois efeitos colaterais, um duradouro e outro efêmero.

Ao tomar a iniciativa de escrever o post, Villas Bôas passou por cima de Heleno, criando um mal-estar entre os dois generais. Heleno ficou contrariado porque, além de ter sido pego de calças curtas pela manifestação do colega, sabia que parte dos militares, sobretudo os da reserva, esperava que partisse dele, Heleno, a iniciativa de sair em defesa do Exército. Naquelas circunstâncias, Villas Bôas aparecia como herói, e ele como alguém que preferira se omitir. A relação de amizade entre os generais fez com que o mal-estar durasse pouco. Já o segundo efeito colateral persistiu. A performance do tríplice coroado no episódio fez gelar as relações entre ele e generais da reserva, que não lhe perdoaram o silêncio diante da forma como Santos Cruz foi tratado pelo presidente. O governo Bolsonaro nasceu baseado em três pilares de credibilidade: o núcleo militar, o ministro Sergio Moro e o ministro Paulo Guedes. Com o incidente Santos Cruz, uma parte do tripé bambeou.

No dia 13, o jornal *O Globo* revelou que o Tribunal de Justiça do estado do Rio havia autorizado a quebra do sigilo bancário e fiscal de Flávio Bolsonaro e de outras 85 pessoas e nove empresas ligadas a ele e a seu ex-assessor Fabrício Queiroz. Era uma devassa a que poucos acreditavam que o senador, e talvez o próprio Bolsonaro, pudesse sobreviver. A medida visava complementar as investigações sobre as suspeitas de que o primogênito do presidente, quando deputado estadual, usara o assessor Queiroz para cobrar de seus funcionários a devolução de parte dos salários que recebiam no gabinete, uma prática conhecida como "rachadinha". O escândalo havia estourado em dezembro de 2018, mas vinha sendo mantido em banho-maria até então.

A notícia da quebra de sigilo em escala industrial fez o caso voltar à pauta e inundou as redes sociais com a frase que por muitos meses continuaria sem resposta: "Cadê o Queiroz?". O ex-assessor de Flávio Bolsonaro, depois de faltar a um depoimento marcado pelo Ministério Público do Estado do Rio de Janeiro (MPRJ), desapareceu de circulação. Do total de pessoas que tiveram seus sigilos quebrados a pedido do MPRJ, pelo menos oito já haviam trabalhado com o presidente.[35]

Bolsonaro estava em Dallas, em viagem oficial, de onde deu entrevistas em tom irritado. "Estão fazendo esculacho em cima do meu filho", disse. "Querem me atingir? Venham para cima de mim. [...] Não vão me pegar."

A viagem do presidente também coincidiu com as primeiras ruidosas manifestações contra seu governo. O gatilho dos protestos foi o corte de verbas nas universidades federais anunciado semanas antes pelo Ministério da Educação. Mas as passeatas só ganharam corpo graças a uma sequência de ações e declarações do titular da pasta, Abraham Weintraub. Olavista e neófito na política, o economista Weintraub, bem como seu irmão, o jurista e assessor-chefe-adjunto de Bolsonaro, Arthur Weintraub, foi um dos primeiros apoiadores do ex-capitão. A dupla foi apresentada ao candidato por Onyx Lorenzoni.

Um mês depois de substituir na pasta da Educação o breve Ricardo Vélez, Weintraub afirmou ao jornal *O Estado de S. Paulo* que bloquearia recursos para universidades que se dedicassem a fazer "balbúrdia" e "evento ridículo", em vez de se empenhar em melhorar seu desempenho acadêmico. Como exemplo de atividades "ridículas", o ministro elencou "sem-terra dentro do campus, gente pelada dentro do campus". Na mesma entrevista, anunciou que três universidades já haviam sido enquadradas no critério da "balbúrdia" e por esse motivo tiveram repasses reduzidos em 30%: a Universidade de Brasília, a Universidade Federal Fluminense e a Universidade Federal da Bahia. Dias depois, o ministro anunciou que o corte atingiria não mais universidades específicas, mas todas as instituições federais. Ressalvou que seguiria critérios exclusivamente "técnicos, operacionais e isonômicos", mas, ao mesmo tempo, advertiu estudantes e professores de que o ministério estaria atento àqueles que, segundo ele, estariam "coagindo" os alunos a participar das passeatas que começavam a ser organizadas. Em nota oficial, mandou dizer que ninguém estava autorizado a "divulgar e estimular protestos durante o horário escolar", e que essa atitude deveria ser denunciada ao MEC.

Com suas declarações, o ministro conseguiu transformar um fato corriqueiro — afinal, todos os anos o governo promove contingenciamentos orçamentários, e os cortes só não atingem as despesas obrigatórias — em uma briga ideológica que trouxe para a arena professores e estudantes. O resultado foi que, no dia 15 de maio, as ruas de 250 cidades brasileiras dos 26 estados, mais o Distrito Federal, se encheram de manifestantes que ecoavam gritos como "Bolsonaro, inimigo da Educação", "Conhecimento destrói mitos" e "Quem faz balbúrdia é o governo".

Aos repórteres que queriam saber sua opinião sobre as manifestações no Brasil e os cortes no orçamento, Bolsonaro, em Dallas, continuou respondendo com mau humor. No dia 16, quando uma repórter lhe perguntou sobre o corte de verbas da Educação, ele retrucou que não estaria fazendo cortes, mas contingenciamento. Ao ouvir da jornalista que se tratava da mesma coisa, atacou: "Você é da *Folha*?". A repórter confirmou. "Primeiro", disse Bolsonaro, "vocês da *Folha de S.Paulo* têm que entrar de novo numa faculdade que presta e fazer bom jornalismo. Isso que a *Folha* tem que fazer. E não contratar qualquer uma, qualquer um, pra ser jornalista, pra ficar acendendo a discórdia e perguntando besteira." Na mesma entrevista coletiva, o presidente criticou a qualidade das pesquisas nas universidades nacionais (elas seriam tão ruins que, quando as commodities do país acabassem, os brasileiros teriam de "viver de capim") e se referiu aos estudantes que foram às ruas como "idiotas úteis".

Mal os "idiotas úteis" haviam recolhido suas faixas e bandeiras, Bolsonaro decidiu pôr lenha na fogueira para valer.

No dia 17, assim que pisou no país, compartilhou em um grupo de WhatsApp um texto de "leitura obrigatória" para "quem se preocupa em se antecipar aos fatos". De autoria então desconhecida e intitulado "Texto apavorante", dizia que o Brasil, sem os "conchavos" tradicionais, era "ingovernável". Afirmava que o país estava "disfuncional", e não por culpa do presidente, mas das "corporações" e dos poderes constituídos que o pressionavam. Por corporações, entendiam-se, além dos políticos, também os magistrados da Suprema Corte, lembrados no trecho em que o autor diz que "as lagostas do STF e os espumantes com quatro prêmios internacionais são só a face gourmet do nosso absolutismo orçamentário". Durante a campanha eleitoral, depois de o filho mais novo do presidente, Eduardo Bolsonaro, dizer que para fechar o STF bastariam um cabo e um soldado, Bolsonaro afirmou em entrevista que queria aumentar de onze para 21 os ministros da Corte — "uma maneira de você botar dez isentos lá dentro".

O autor do texto, mais tarde identificado como um analista econômico que havia tentado se eleger vereador pelo Partido Novo em 2016, listava os possíveis desfechos para o cenário "ingovernável". Na hipótese mais provável, dizia, o governo "será desidratado até morrer de inanição, com vitória para as corporações". Na pior hipótese, ficaria inviabilizado diante do aumento do desemprego e da inflação. Por fim, num patamar classificado como "hipótese nuclear", haveria uma "ruptura institucional irreversível, com desfecho imprevisível".

Bolsonaro, ao divulgar o texto, não só o endossava como insinuava ser vítima de um sistema corrompido personificado pelo Congresso e pelo Supremo. Para reforçar essa impressão, no mesmo dia em que o jornal *O Estado de S. Paulo* revelou a mensagem compartilhada no WhatsApp, por meio de seu porta-voz o presidente se queixou dos "grupos que no passado se beneficiavam das relações pouco republicanas" e disse "contar com a sociedade para juntos revertermos essa situação".[36] Para os congressistas, não havia dúvidas: Bolsonaro estava disposto a esticar a corda. Com aquele texto, procurava anabolizar os atos convocados em sua defesa — e contra o Congresso e o Supremo — marcados para o dia 26.

O "Texto apavorante" foi compartilhado numa sexta-feira. Lideranças da Câmara e do Senado passaram o fim de semana trocando telefonemas. A avaliação era de que o presidente estava "sem rumo" e corria o risco de não terminar o mandato. O nervosismo daquele momento e o ritmo em que os episódios funestos se sucediam eram tais que os presidentes da Câmara e do Senado adotaram uma solução doméstica para manter o ritmo de assembleia permanente. Vizinhos nas residências oficiais do Lago Sul, Rodrigo Maia e Davi Alcolumbre instalaram no muro que separa os respectivos jardins um pequeno portão de ferro pelo qual atravessavam de uma casa para outra sem chamar a atenção de ninguém.

"O homem é doido, não tem jeito, não." Davi Alcolumbre se preparava para comandar a sessão no Senado naquela terça-feira, dia 21, quando, a caminho da mesa diretora, fez o comentário para um colega mais velho. Referia-se a Bolsonaro, cujo apoio velado ajudara sua eleição à presidência do Senado em fevereiro. A vitória de Alcolumbre, senador de 42 anos pelo Amapá, tirou do comando da Casa o veterano Renan Calheiros, praticamente o único sobrevivente de uma linhagem de raposas velhas que havia sido dizimada nas eleições de 2018. Quando o amapaense foi eleito, o governo Bolsonaro tinha trinta dias de vida e o Congresso havia acabado de voltar do recesso. Pouco mais de três meses haviam se passado até o dia em que Alcolumbre cochichou no ouvido do experiente parlamentar sua desesperança em relação ao chefe do Executivo — uma opinião que estava longe de ser isolada (e que, da parte de Alcolumbre, mudaria outra vez ao sabor de novos ventos). Naquele momento, os mais influentes caciques do Senado — do DEM, do PT e do PSDB — estavam convencidos de que Jair Bolsonaro não tinha capacidade para governar o Brasil. A reforma da Previdência havia sido largada às traças, as ruas estavam incandescentes e tudo o que o presidente fazia, reclamava Alcolumbre, era jogar as massas contra as instituições. Para essas lideranças, os últimos acontecimentos apontavam para dois cenários: renúncia e impeachment. Este último era rechaçado à esquerda e à direita. Diante disso, os parlamentares concordavam que cabia ao Congresso criar uma alternativa para a situação. Foi assim que, a partir de gabinetes do PSDB, começou a tomar forma a ideia de 1) ressuscitar a discussão sobre a implantação do parlamentarismo com base em uma PEC de autoria do senador José Serra apresentada em 2016; e 2) adotar o novo regime imediata e extraoficialmente para salvar o país dos desgovernos do presidente.

No dia 22, catorze senadores se encontraram reservadamente em um almoço na residência oficial do presidente do Senado. Além do anfitrião, estavam Simone Tebet, José Serra, Antonio Anastasia, Kátia Abreu, Tasso Jereissati, Eduardo Girão, Randolfe Rodrigues, Rose de Freitas, Humberto Costa, Jaques Wagner, Esperidião Amin, Fernando Bezerra e Eduardo Braga, que só chegou no final. "O temor de uma ruptura institucional estava no ar", conta o senador Randolfe. A maioria achava que, no duelo com o Legislativo, Bolsonaro estava disposto a ir às últimas consequências — para piorar, havia rumores de que um grupo de militares se preparava para contê-lo. As manifestações pró-presidente estavam marcadas para dali a quatro dias. Áudios que circulavam entre caminhoneiros apoiadores de Bolsonaro prometiam "tocar fogo em Brasília" e "cercar esse Congresso". Por WhatsApp, motoristas convocavam colegas a se dirigir à capital federal e "fazer o que tiver de ser feito" contra "a Câmara, o Senado e o STF: três organizações criminosas que querem engessar o presidente". No Twitter, a hashtag #vamosinvadirocongresso ganhava adesões em ritmo veloz. A dúvida era como aquilo tudo iria se refletir nas ruas.

"Foi um momento em que estávamos todos perplexos", lembra Tasso Jereissati. No almoço na casa de Alcolumbre, o tucano foi um dos que defenderam a adoção do parlamentarismo como alternativa a saídas mais traumáticas. Jaques Wagner, Kátia Abreu, Esperidião Amin e Eduardo Braga discordaram: falar em parlamentarismo naquele momento daria a impressão de que o Congresso estava urdindo a destituição de Bolsonaro, o que poderia aumentar as labaredas num cenário já inflamado. O senador Randolfe chegou a aventar a ideia do recall — uma forma de anular as eleições por meio de referendo revogatório, instrumento previsto em países como Alemanha, Suíça e Venezuela. Ao final do almoço, concluiu-se que, naquele momento, a única saída era adotar extraoficialmente um tipo de parlamentarismo branco.

Rodrigo Maia assumiria a proa. A Câmara se incumbiria de vetar os excessos presidenciais e rever o conteúdo dos decretos que chegassem do Executivo. Em paralelo, o Congresso montaria uma agenda própria, que passaria a tocar com ou sem o aval do governo. A agenda teria por objetivo acelerar as reformas e impulsionar a retomada econômica, com o apoio do empresariado e à revelia de Bolsonaro. O recrudescimento do protagonismo do Congresso e sua contrapartida, a restrição do poder presidencial, se dariam basicamente por meio de três medidas: a ampliação do volume de recursos federais cujo destino é definido pelos parlamentares (algo que a PEC-bomba do Orçamento, aprovada na Câmara em março, já havia começado a fazer); a aprovação de um projeto limitando as medidas provisórias que podem ser editadas pelo presidente; e a aplicação dos decretos legislativos para sustar decretos presidenciais sempre que se considerar necessário, como ocorreu um mês mais tarde, no caso do projeto que flexibilizava a posse e o uso de armas enviado pelo governo. Dessa forma, o Congresso não pretendia dispensar apenas a articulação do presidente: também pretendia dispensar a sua iniciativa.

Às vésperas das manifestações pró-Bolsonaro, a clivagem no governo era clara: uma ala, liderada pelo assessor e olavista Filipe Martins, pregava que Bolsonaro deveria continuar antagonizando com as instituições, escorado "no povo". Outro grupo, encabeçado pelo general Augusto Heleno, defendia que o presidente não poderia correr o risco de ultrapassar a linha da ordem constitucional. E Bolsonaro, de que lado estava? A poucos dias da data das passeatas, o presidente dava sinais erráticos. Além de divulgar o texto em que parecia insuflar as ruas contra as instituições, voltou a estimular o levante popular no dia 20 ao declarar que "o grande problema [do Brasil] é a classe política". Grupos como o MBL e o Vem pra Rua, que anunciaram sua não adesão às manifestações por discordarem dos gritos de guerra golpistas, entraram imediatamente na lista de traidores do exército bolsonarista virtual. No dia 23, porém, em café com jornalistas no Palácio do Planalto, o presidente declarou ser contrário à inclusão de ataques aos Poderes Judiciário e Legislativo nas passeatas a seu favor, marcadas para dali a três dias. "Quem defende o fechamento do Supremo Tribunal Federal e do Congresso Nacional está na manifestação errada." Quão perto o presidente esteve de flertar com a instabilidade naquele momento, não se sabe. Três fatos, porém, são certos:

1) no entorno mais íntimo de Bolsonaro, que inclui seus filhos Eduardo e Carlos, a convicção era de que o Congresso trabalhava "contra o Brasil" e tentava "encurralar" o presidente para que ele cedesse ao fisiologismo. O "plano" dos inimigos seria forçar o presidente a ceder ao toma lá dá cá, de modo a fazê-lo "jogar dominó com Lula e Temer na cadeia", como disse Bolsonaro, ou torná-lo vítima de impeachment por cometer crime fiscal, uma consequência da PEC que engessou o Orçamento. O principal divulgador dessa ameaça hipotética era o assessor Filipe Martins, primeiro-discípulo de Olavo e atiçador oficial das massas nas redes sociais;

2) no Palácio do Planalto, ao menos um general chegou a defender internamente o fechamento do Congresso e do Supremo, seguido da elaboração de uma nova Constituição. De forma reservada, esse militar ecoava ainda uma outra opinião corrente sobretudo entre alguns oficiais da reserva. Segundo esse grupo, os generais do palácio não deveriam apoiar a todo custo o ex-capitão, mas apenas suas ideias. Bolsonaro não

seria "o fim, mas o meio". E, como "meio", era substituível. O general com assento no Planalto lamentava que essa hipótese só não estava na mesa porque inexistia entre os militares liderança capaz de botá-la na mesa. "Infelizmente, o núcleo militar não é como uma ilha, é um arquipélago", dizia o militar; 3) o presidente do STF, Antonio Dias Toffoli, foi peça fundamental para debelar a crise de maio. No auge da tensão entre os Poderes, ele atuou junto a lideranças do Congresso para jogar água fria na fervura que ameaçava respingar na faixa presidencial. Aos parlamentares que duvidavam da capacidade de Bolsonaro de governar, o magistrado lembrava que o ex-capitão havia ganhado a eleição e que seu mandato era de quatro anos. "A menos que se queira reeditar um cenário de caos", afirmava. A um banqueiro e dois empresários de São Paulo que lhe disseram torcer pela queda do presidente e sua substituição pelo vice, aconselhou a não cederem "ao canto da sereia". Nas diversas vezes, naquele período, em que recebeu líderes de bancadas do Congresso para discutir o agravamento do cenário político, Toffoli foi claro: nenhuma iniciativa destinada a abreviar ou amputar o mandato presidencial passaria pelo Supremo. Ao final, o magistrado foi o primeiro a reconhecer o próprio mérito na dissolução da crise. No dia 23 de maio, enviou a um amigo uma mensagem pelo WhatsApp: "Eu salvei a República", dizia o texto.

Os fatos que se seguiram, porém, indicam que o protagonismo que o presidente do STF obteve naqueles tensos dias de maio não o satisfez. Em setembro, em encontros reservados, Dias Toffoli disseminou que esteve em curso

134

entre os meses de março e abril um movimento golpista de iniciativa do vice — que ele, Toffoli, teria ajudado a abortar. O magistrado chegou a afirmar que, naquele período, Mourão havia se reunido com generais da reserva em seu próprio gabinete para preparar uma "quartelada" com o objetivo de fechar o Supremo e o Congresso e destituir Bolsonaro. Toffoli, segundo ele mesmo disse, teria sido o responsável por, indiretamente, dar o alarme ao presidente da República, "que tomou suas medidas". Entre essas medidas estaria a nomeação do comandante militar do Sudeste, general Luiz Eduardo Ramos, para a Secretaria de Governo. Instalado ao lado do presidente, "um general da ativa, com uma tropa importante" teria um efeito dissuasório sobre quaisquer novas intenções golpistas, sugeria o magistrado. Toffoli afirmou ainda que um ministro de governo chegou a aconselhá-lo a escolher uma embaixada para se refugiar caso Mourão lograsse seu intento. "Isso porque eu seria uma das únicas pessoas capazes de evitar o golpe", disse o presidente do STF.

Se no ápice da crise de Bolsonaro com o Congresso Mourão chegou a se preparar para a eventualidade de substituir o presidente, ou mesmo desejar que isso ocorresse, só ele poderia dizer. A "quartelada" divulgada por Toffoli, no entanto, não se confirmou. Instado a falar sobre o assunto, Toffoli não quis se manifestar.

A história do presidente do STF foi levada a Bolsonaro em uma versão mais branda que a descrita. Encontrou terreno fértil junto ao ex-capitão, que nunca abandonou a desconfiança de que Mourão almejava seu posto e conspirava contra ele. Num fim de semana de outubro, enquanto tomava água de coco na beira da piscina do Alvorada com um amigo, o presidente disse que, apesar do receio que tinha de ser alvo de drones, gostava de conversar ao ar livre porque dificilmente seria grampeado.

Seu temor, confidenciou, era ser espionado por Mourão.

As manifestações em favor do presidente no dia 26 de maio ocorreram em mais de duzentas cidades e, se não atingiram o gigantismo — perderam na comparação com as manifestações de maio contra os cortes de verba na educação e os protestos pelo impeachment da ex-presidente Dilma Rousseff em 2015 —, deixaram claro que o presidente contava com expressiva base de apoio, apesar da queda de sua popularidade nos primeiros meses de governo. O Centrão — bloco formado por partidos políticos próximos a Rodrigo Maia e que bolsonaristas associam à velha política — sobressaiu como alvo principal dos manifestantes. Houve críticas pontuais ao STF, em especial aos ministros Dias Toffoli e Gilmar Mendes; os gritos pelo fechamento do tribunal, porém, não apareceram com a estridência das redes sociais. Bolsonaro fez várias postagens de apoio no dia das manifestações, mas não compareceu a nenhuma.

A ausência do presidente e de ataques maciços ao Congresso e ao STF nas passeatas aplacou os ânimos entre os Poderes, embora os sinais contraditórios que Bolsonaro havia emitido sobre as manifestações dias antes tenham deixado um travo de desconfiança no ar. A fim de diminuir esse mal-estar, dois dias depois das passeatas Bolsonaro convidou Rodrigo Maia, Davi Alcolumbre e o presidente do STF para um café da manhã no Palácio da Alvorada. O Planalto divulgou que, no encontro, o grupo havia discutido a elaboração de um documento em que os presentes se comprometiam a colaborar com a execução de medidas prioritárias para o país, entre elas a reforma da Previdência e a reforma tributária. Seria o "Pacto pelo Brasil", previsto para ser assinado num grande ato programado para junho. No dia seguinte, os jornais estamparam uma foto em que Bolsonaro, Maia, Alcolumbre e Toffoli apareciam juntos e sorrindo. Parecia uma imagem protocolar celebrando mais um pacto fadado a descer ao purgatório dos pactos nunca executados. Não era o caso. O aperto de mãos selado naquele dia entre os chefes dos Três Poderes dali em diante daria os rumos do governo Bolsonaro.

Presidente das pequenas coisas

"Se é para vestir azul, tem de vestir azul. Quem não vestir está fora." A frase foi dita por Bolsonaro a um assessor como justificativa para a demissão do ministro Santos Cruz, no dia 13 de junho. Naquele mês, também por não usarem azul, outros dois generais foram mandados para casa — em quatro dias, o ex-capitão dispensou três generais. Joaquim Levy, o presidente do BNDES, acabou despachado na mesma leva. A mensagem de Bolsonaro era clara: o governo era dele e ele faria o que quisesse. Quem discordasse que saísse. E estava dado o recado.

O general Franklimberg Ribeiro de Freitas estava na mira presidencial havia dois meses. Nascido na Amazônia e de origem indígena, foi indicado para a presidência da Funai pela ministra Damares Alves, da Mulher, Família e Direitos Humanos. Em abril, Bolsonaro já tinha comentado com deputados da bancada amazonense que iria "cortar a cabeça" de Franklimberg porque índios da etnia

139

waimiri-atroari estavam dificultando a construção de um trecho do Linhão de Tucuruí. O presidente reclamava que o general não conseguia resolver o impasse. A etnia vive em uma área de Roraima por onde deve passar a linha de transmissão de energia produzida na hidrelétrica do Pará. A insatisfação do chefe do Executivo com a performance do presidente da Funai, somada a críticas da bancada ruralista, determinou a sua queda no dia 11.

Pouco depois foi a vez do general Juarez Aparecido de Paula Cunha. O presidente dos Correios provocou a ira presidencial ao dizer, numa audiência pública na Câmara, que tinha receio de que, ao privatizar a estatal, o governo acabasse por abrir mão da "parte boa" da empresa.[37] No dia 14, Bolsonaro anunciou a demissão do general num café da manhã com jornalistas no Planalto. Diz um assessor do ministro da Economia que, se há algo de autêntico na conversão do presidente ao ideário liberal, é a visão que ele passou a ter sobre as privatizações. Graças às preleções de Paulo Guedes, o outrora estatizante Bolsonaro se transformou num convicto defensor do princípio que o economista Roberto Campos (1917-2001) resumia na frase: "No Brasil, empresa privada é aquela que é controlada pelo governo. E empresa pública é aquela que ninguém controla". No dia seguinte à declaração do presidente dos Correios na Câmara, Bolsonaro o acusou de ter "agido como sindicalista" ao criticar a ideia de privatizar a estatal e aceitar posar para fotos com parlamentares do PT e do PSOL que haviam participado da audiência. Quase exonerado em público com a declaração do presidente no café da manhã, o general deu o troco indo trabalhar na segunda-feira — e ainda vestia boné de carteiro numa palestra para funcionários, de onde saiu aplaudido. Foi demitido oficialmente dois dias mais tarde. Para ocupar seu lugar, Bolsonaro colocou o general Floriano Peixoto Vieira Neto, que havia substituído Gustavo Bebianno na Secretaria-Geral da Presidência. No lugar do general, assumiu o major reformado da PM Francisco Jorge, do círculo íntimo de Bolsonaro.

Joaquim Levy era um caso de antipatia mais antigo. Escolhido por Paulo Guedes para dirigir o BNDES, o economista enfrentou logo de início a resistência de Bolsonaro, que nunca engoliu a presença em seu governo de um ex--secretário de Tesouro de Lula e ex-ministro da Fazenda de Dilma Rousseff. Contribuiu para desgastá-lo seu pouco jogo de cintura na relação com o presidente e argumentar que não existia "caixa-preta" a ser aberta no BNDES, ao contrário do que Bolsonaro havia repetido na campanha. No dia 15, o presidente acordou irritado com a notícia de que Levy havia indicado Marcos Barbosa Pinto para o cargo de diretor de mercado de capitais do BNDES. Barbosa Pinto havia trabalhado no BNDES no governo Lula e ajudou Fernando Haddad, quando ministro da Educação, a elaborar o Programa Universidade para Todos, que oferecia bolsas no ensino superior a estudantes carentes. Advogado e economista, ele trabalhou por sete anos numa empresa de investimentos como sócio de Armínio Fraga, ex-presidente do Banco Central no governo de Fernando Henrique Cardoso. Bolsonaro se abespinhou com as ligações do economista com o PT, bem como com seus laços tucanos. E de que forma as informações sobre o nome e o passado de um indicado para uma diretoria do BNDES foram chegar ao presidente? Como lembrou um secretário do Ministério da Economia, "Bolsonaro tem várias pessoas trabalhando para checar currículos para ele". Era sábado e o presidente estava saindo do Alvorada. Ao falar com os jornalistas de plantão, disse estar "por aqui" com Levy. "Falei pra ele (Levy): demita esse cara [Barbosa] na segunda-feira ou eu demito você sem passar pelo Paulo Guedes", afirmou. "Governo tem que ser assim. Quando bota gente suspeita em cargos importantes e essa pessoa, como o Levy, já vem há algum tempo não sendo leal àquilo que foi combinado [...], ele está com a cabeça a prêmio já tem algum tempo."[38] Joaquim Levy nem esperou a segunda-feira chegar. Pediu demissão no dia seguinte, um domingo.

Santos Cruz foi comunicado de que estava demitido em uma reunião com Bolsonaro e o ministro Augusto Heleno no final da manhã do dia 13. A decisão selou também o fim de uma amizade de quarenta anos entre o presidente e o general. O militar e o ex-capitão se conheceram em 1978, na Aman. Os dois foram companheiros de pentatlo militar e se reencontraram em meados dos anos 1980 como vizinhos na Vila Militar. As famílias faziam churrasco juntas e as mulheres se revezavam para levar os filhos à escola maternal. A relação entre os dois era íntima a ponto de Santos Cruz, como ministro, chamar o presidente de "Bolsonaro". E esse tratamento foi apenas um dos fatores que começaram a incomodar o ex-capitão.

Ao contrário do general Heleno, tido como um político de nascença, e do general Ramos, conhecido pela habilidade no trato social, Santos Cruz é considerado "boca dura". No dia 5 de maio, um domingo, depois da sucessão de tuí-

142

tes desferidos contra ele por Olavo de Carvalho, o general foi ao encontro do presidente no Alvorada para negar que houvesse defendido o controle das redes — e para reclamar do ataque que vinha sofrendo na internet, inclusive com o apoio de Bolsonaro. Os dois tiveram uma discussão áspera. "Chegaram a bater testa", como contou um assessor.

Santos Cruz já havia inviabilizado a contratação de Léo Índio, primo e amigo de Carlos Bolsonaro, e contrariara publicamente uma ordem do presidente em abril. Naquele mês, o Banco do Brasil veiculara uma propaganda dirigida ao público jovem que incluía a imagem de uma mulher trans. Bolsonaro vetou o vídeo e determinou que todas as peças publicitárias de empresas públicas fossem submetidas à análise prévia da Secretaria de Comunicação Social (Secom). Embora a Secom estivesse subordinada à pasta de Santos Cruz, o general não a controlava de fato. A secretaria é comandada pelo empresário Fabio Wajngarten, indicado pelos filhos de Bolsonaro e próximo do advogado do presidente, Frederick Wassef. Ao tomar conhecimento da ordem presidencial de submeter propagandas a análise prévia, Santos Cruz disse que não poderia obedecer a ela. A determinação feria a instrução normativa que garante a empresas como o Banco do Brasil autonomia para escolher o material que irá promover seus produtos ou serviços, argumentou. A ordem de Bolsonaro acabou sem efeito. Essa sucessão de episódios impulsionou o grupo de adversários do general — formado, sobretudo, por aliados de Carlos Bolsonaro no palácio e de Eduardo no Congresso — a propagar a versão de que Santos Cruz estava "acostumado a mandar" e por isso resistia aos comandos do presidente.

143

Por algum tempo, depois da vitória eleitoral Bolsonaro se sentiu um capitão entre generais. No dia 24 de novembro de 2018, já como presidente eleito, compareceu à Vila Militar, no Rio de Janeiro, para a comemoração do 73º aniversário da Brigada de Infantaria Paraquedista — ele é paraquedista militar formado em 1977. Chegou à cerimônia acompanhado do general Augusto Heleno. No momento em que foi convidado a subir uma pequena rampa para receber as boas-vindas do comandante da brigada, Bolsonaro hesitou e empurrou o general para precedê-lo. Heleno fez um gesto com as mãos indicando que era ele, o presidente eleito, quem deveria ir primeiro. A situação se repetiu mais duas vezes ao longo da cerimônia. Na hora de receber as honras militares e quando foi convidado a marchar com a brigada, o ex-capitão tentou fazer Heleno tomar a dianteira e foi por ele corrigido.

Na cultura militar, "a turma da vez" — ou seja, a turma que manda— é aquela da qual faz parte o comandante do Exército. Bolsonaro elegeu-se presidente da República no mesmo ano em que sua turma ascendeu na hierarquia da Força. Ele é da turma de 1977 da Aman — a mesma do atual comandante, Edson Pujol, que, como é tradição, indicou ex-companheiros para ocupar postos importantes. Por causa disso, toda vez que comparece a cerimônias militares, o ex-capitão e presidente da República encontra um punhado de coronéis e generais da sua época. "Ele sai batendo continência pra todo mundo", comentou em fevereiro um oficial palaciano. A demissão de três militares em junho, no entanto, mostrou que essa relação havia mudado. Bolsonaro não aceitava mais ser um capitão entre generais. O presidente da

144

República queria deixar claro que era também o chefe das Forças Armadas.

.

A ascensão do major da PM Jorge Antonio de Oliveira Francisco no lugar do general de divisão Floriano Peixoto foi um triunfo da ala familiar do presidente. O major Oliveira, nomeado ministro da Secretaria-Geral da Presidência no dia 21 de junho, é amigo de infância dos filhos de Bolsonaro e trabalhou como chefe de gabinete e assessor jurídico de Eduardo. Seu pai, o capitão Jorge, foi chefe de gabinete de Jair Bolsonaro por duas décadas, até morrer de infarto, em 2018. Oliveira concluiu o ensino médio no Colégio Militar de Brasília e formou-se em direito. "É uma pessoa que me acompanha há dez anos. Uma pessoa afeita à burocracia", limitou-se a dizer o presidente sobre o novo ministro na cerimônia de posse.

Bolsonaro estava decidido a ter à sua volta "gente de casa", como o major Oliveira. Nessa época, cogitou transformar também o amigo e deputado Hélio Lopes em ministro. Depois de estudar alternativas, escolheu para ele a pasta do Turismo. O deputado assumiria o lugar de Marcelo Álvaro Antônio, que cheirava a queimado desde o escândalo do laranjal. No dia 7 de junho, o filho do presidente e deputado Eduardo Bolsonaro chegou a postar uma foto abraçado com Lopes durante um jogo no Maracanã: "Meu irmão ministro". Bolsonaro voltou atrás na última hora. Como àquela altura já tinha planos para o filho Eduardo fora do Congresso, alegou que o Parlamento ficaria desfalcado de nomes de sua confiança. Como "linha de frente" de Bolsonaro na Câmara, o amigo precisaria continuar onde estava. Hélio Lopes, como sempre, nada disse. A Câmara Federal fica a pouco mais de cinco minutos a pé do Palácio do Planalto. No dia 29 de maio, Bolsonaro apareceu de surpresa. Estava reunido no Planalto com deputados do Partido Novo quando o ministro da Casa Civil, Onyx Lorenzoni, pediu licença para deixar a audiência, pois tinha de ir à Câmara prestigiar uma sessão solene em homenagem ao humorista Carlos Alberto de Nóbrega. Ao ouvir a notícia, Bolsonaro resolveu ir também. "É o Carlos Alberto, gosto muito dele."[39] Acompanhado de Lorenzoni, Bolsonaro atravessou a pé os quatrocentos metros que separam o Planalto do Congresso. Lá, assistiu a parte da sessão solene, cumprimentou o homenageado, conversou e se divertiu com ele.

Nóbrega, filho do também humorista Manuel de Nóbrega, é de uma geração de roteiristas que aprendeu a fazer rir com tiradas pueris, frases de duplo sentido e referências jocosas a negros, gays, pobres e deficientes. Ele comanda até hoje o programa *A Praça É Nossa*, que já foi palco de tipos como a Velha Surda e a drag queen Vera Verão — personagens que hoje não sobreviveriam a um dia no ar. "Dona Bizantina", a velha surda interpretada por Roni Rios, chegava ao banco da praça cantarolando "Ó querida Clementina" e puxava conversa com quem encontrasse. Como não ouvia direito, criava suas histórias a partir de banalidades que o interlocutor lhe dizia. Da cabeça de Dona Bizantina saíam enredos estrambóticos, surreais e quase sempre picantes. Vera Verão era a drag queen fogosa encarnada pelo imenso comediante Jorge Lafond (1,98 metro de altura). No início dos anos 2000, os trejeitos femininos exagerados e o figurino ultrassexy do ator e bailarino motivaram protestos do Grupo de Gays Negros da Bahia (Lafond era negro e homossexual), que sustentava que Vera Verão reforçava um estereótipo gay indesejado. Bolsonaro cultiva o mesmo repertório desatualizado de piadas da antiga *A Praça É Nossa*. Em junho, na reunião da cúpula do G20, no Japão, ao se encontrar com seu colega americano, que envergava uma gravata cor-de-rosa, ele lhe perguntou se na loja em que havia comprado a peça havia artigos "também para homem". Apesar dos esforços do tradutor, Trump não entendeu a brincadeira. Mas o brasileiro foi em frente. Sua segunda piada resultou numa foto que viralizou: Bolsonaro e Hélio Lopes às gargalhadas ao lado de Trump, que apenas sorri. Na ocasião, a assessoria do presidente brasileiro divulgou que as risadas ocorreram quando Bolsonaro apresentou a Trump o deputado Lopes, a quem chama de Negão; explicou que o apelido se devia à cor da pele e perguntou se o americano preferia que ele tivesse levado Barack Obama. Apenas a primeira parte dessa versão é verdadeira. Bolsonaro apresentou Lopes a Trump, esclareceu que seu apelido se devia ao fato de ser negro e completou: "Mas, apesar de ser negão, ele tem bilau de japonês". E caiu na gargalhada junto com o deputado. O episódio constrangeu até membros da comitiva brasileira, mas Bolsonaro saiu feliz do encontro.

Menos de uma semana depois de ir à Câmara para encontrar o humorista, Bolsonaro voltou à Casa. Naquele dia, a comissão especial que analisava a reforma da Previdência promovia um seminário internacional sobre o tema. Mas o presidente da República não fora participar do evento: queria entregar pessoalmente a Rodrigo Maia o projeto de lei que subia de vinte para quarenta pontos o limite de infrações para a suspensão da carteira de motorista. Maia, no discurso que fez durante o encontro, não perdeu a chance de encaixar uma crítica sutil à escala de prioridades do presidente. Depois de agradecer sua presença na Casa e afirmar que o projeto da carteira de motorista era "importante", lembrou que o Congresso tinha "uma pauta extensa de reformas macroeconômicas como a da Previdência, e [dali] a pouco a tributária". E provocou: "Que estamos tocando". A reforma da Previdência não era o assunto preferido de Bolsonaro. Em julho, o jornal *O Estado de S. Paulo* fez um levantamento das lives que ele passou a transmitir semanalmente a partir de março: dentre os quinze temas mais citados, a pesca foi o que mais mereceu a atenção do presidente. A internet e as armas vieram em seguida. A Previdência ficou em sexto lugar. Privatizações, em 28º. Investimentos e empregos, em 44º. A cada vídeo, Bolsonaro convida ministros ou membros do governo para gravar com ele. Paulo Guedes foi chamado uma vez, enquanto o secretário da Pesca, Jorge Seif Júnior, foi convocado em quatro ocasiões — o segundo convidado mais assíduo depois do general Heleno. A reportagem notou que, dos 45 minutos e 35 segundos dedicados ao tema da pesca, o subtema da pesca da tilápia, sozinho, ocupou quinze minutos e 47 segundos das transmissões, mais que o dobro do que a saúde, com sete minutos e 33 segundos.

O "presidente das pequenas coisas", como o chamou em abril o articulista da *Folha de S.Paulo* Hélio Schwartsman, revelou entusiasmo por outros microassuntos, além da pesca da tilápia. Em declarações públicas, mostrou empenho na promoção de causas como a extinção das lombadas eletrônicas, o fim do horário de verão e o combate à política de incentivo ao turismo LGBT no Brasil ("Quem quiser vir aqui fazer sexo com uma mulher, fique à vontade. Agora, não pode ficar conhecido como paraíso do mundo gay aqui dentro"). Não se pode dizer que o presidente tenha traído o candidato. As soluções para os grandes problemas do Brasil nunca ocuparam lugar de honra em seus discursos de campanha.

O ex-capitão tem prazer em falar de temas que o interessam, mas nenhuma paciência para aprender o que desconhece. E dá mostras de não se incomodar por desconhecer muita coisa. Em abril, ele recebeu em audiência onze parlamentares da bancada do Amazonas — três senadores e oito deputados federais que haviam encaminhado com antecedência à sua assessoria os cinco pontos que desejavam abordar na reunião. O mais importante era a recente alteração da alíquota do Imposto sobre Produtos Industrializados que incidia sobre os xaropes usados em refrigerantes — a alíquota maior estava afetando a indústria da bebida da Zona Franca de Manaus. Quando um dos parlamentares trouxe o assunto à baila, Bolsonaro exclamou: "Ah, se eu soubesse que era isso, teria pedido ao Paulo Guedes para receber vocês. Eu não entendo nada desse negócio".

A audiência, segundo um deputado que dela participou, foi tumultuada do início ao fim. O presidente teclava no celular, falava ao telefone e conversava com assessores e amigos que entravam e saíam da sala a todo momento, numa "desorganização estonteante". Nos raros instantes em que se concentrou, deixou atônitos os visitantes ao mencionar assuntos sem qualquer relação com o que se falava. Como a resistência de indígenas à construção do trecho Manaus-Boa Vista do Linhão de Tucuruí, problema que não era de Manaus, mas de Roraima, que depende da energia vinda da Venezuela. Manaus já recebe energia da hidrelétrica de Tucuruí por outro circuito. Bolsonaro parecia desconhecer não só isso como todos os pontos da pauta da reunião. O que de melhor os parlamentares levaram da audiência foi a promessa de um novo encontro, dessa vez com o ministro da Casa Civil, Onyx Lorenzoni.

Quando o assunto não interessa ao presidente, o interlocutor rapidamente perde sua atenção — sejam conceitos macroeconômicos, seja qualquer tema que lhe soe abstrato. Um assessor do primeiro escalão conta que tentou discutir com o chefe o modelo de planejamento estratégico a ser adotado pelo governo a partir de 2019. Era preciso decidir entre a abordagem "*top down*" (de cima para baixo), em que o Executivo dá direcionamentos claros e planeja em detalhes sua estratégia de longo prazo, como fez o governo militar entre 1964 e 1985, ou o modelo atual, o "*bottom up*" (de baixo para cima), em que o Executivo modela sua percepção a partir das demandas que recebe da sociedade. O assessor lembra que conseguiu prender a atenção do presidente por não mais que cinco minutos: "No sexto, ele já estava off", disse.

Paulo Guedes foi vítima dessa situação mais de uma vez. Durante a campanha, o futuro ministro da Economia se esforçou para transmitir ao então candidato fundamentos do liberalismo econômico. O objetivo era municiá-lo para os debates na TV. Com sua experiência de professor na PUC do Rio e na FGV, Guedes postava-se diante do ex-capitão e dizia, gesticulando e andando de um lado para o outro: "A taxa de juros é um absurdo. O.k. Mas por que a taxa de juros é tão alta?", provocava. Olhando para o aluno sentado à sua frente, perguntava: "Sem as taxas de juros, quais são as alternativas para o Brasil atrair investimentos?". Mais: "O que é o mercado? Ou, melhor, QUEM é o mercado?". Bolsonaro olhava para o economista como quem olha para uma parede em branco. Um assessor que presenciou as cenas lembra: "Era como se o Paulo estivesse falando com um adolescente entediado. Bolsonaro simplesmente mudava de assunto no meio da conversa".

Em setembro de 2018, Paulo Guedes foi à casa do empresário Paulo Marinho, no Rio, para ministrar mais uma aula de economia ao candidato do PSL, que no dia seguinte seria entrevistado pela GloboNews. Naquela tarde, no entanto, o Palmeiras jogava contra o Bahia. Assim que começou a transmissão na TV, Bolsonaro não desgrudou mais os olhos da tela. Naquela ocasião, assessores acharam que o economista jogaria a toalha.

"Pô, querem me deixar como rainha da Inglaterra?" O presidente se referia ao Congresso quando fez a pergunta diante de jornalistas, no sábado, dia 22, à saída do Palácio da Alvorada. A declaração veio a propósito de um projeto de lei que ele, de forma equivocada, entendeu que transferiria a parlamentares o poder de fazer indicações para chefes de agências reguladoras (na verdade, a responsabilidade continuaria do presidente, que passaria a escolher o nome a partir de uma lista tríplice). Em junho, Bolsonaro sofreu duas derrotas feias no Congresso — a suspensão de seu decreto de armas, depois de desmoralizantes idas e vindas do governo, e a tentativa de transferir para o Ministério da Agricultura a tarefa de demarcar terras indígenas, abatida por uma liminar dada pelo ministro do STF Luís Roberto Barroso.

Bolsonaro ainda assistia à reforma da Previdência andar sozinha, ou melhor, a reboque das tratativas de Rodrigo Maia, que tinha começado a pôr em prática o plano traçado no mês anterior, de tocar uma agenda econômica própria, nos moldes de um primeiro-ministro informal. Para completar, num raro caso de crise produzida fora dos muros do Palácio do Planalto, o site The Intercept Brasil havia revelado no início do mês mensagens trocadas entre Sergio Moro e Deltan Dallagnol, no tempo em que um era juiz da Lava Jato e o outro, procurador. Eles trocaram informações sobre processos em curso e Moro por mais de uma vez orientou o colega a respeito de procedimentos a serem adotados nas ações. Como, por lei, um juiz não pode auxiliar ou aconselhar nenhuma das partes do processo, o caso suscitou especulações de que o conteúdo dos vazamentos poderia levar à anulação de condenações proferidas por Moro, inclusive o julgamento do ex-presidente Lula.

Para os críticos — e alvos — do juiz, não poderia haver melhor oportunidade de ir à forra. Dessa vez, no entanto, as críticas partiram também de apoiadores e ministros do STF — Marco Aurélio Mello condenou em público a conduta do magistrado. Moro ouviu gritos de "pede pra sair" — em editorial, o jornal *O Estado de S. Paulo* foi um dos que defenderam que ele deveria renunciar — e balançou no cargo pela primeira vez. Com a demissão de Santos Cruz ainda atravessada na garganta dos militares, Bolsonaro viu o tripé de credibilidade de seu governo sofrer o segundo abalo em menos de trinta dias.

Mas o mês terminaria muito melhor do que começou. No dia 28, o governo comemorou a assinatura do mais importante acordo comercial já fechado na história do Brasil. Já duravam vinte anos as discussões sobre o tratado União Europeia-Mercosul, destinado a criar a maior área de livre-comércio do mundo. A conversa avançou no governo Temer e amadureceu nos primeiros meses de 2019 numa estufa conjunta dos ministérios da Economia, Agricultura e Itamaraty. O resultado foi que, no antepenúltimo dia do quinto mês do governo, caiu no colo do ex-antimultilateralista Jair Bolsonaro um tratado com potencial para, em quinze anos, aumentar o PIB brasileiro em 87,5 bilhões de dólares — o equivalente a 5% do número atual. A assinatura do acordo, na verdade um acerto preliminar ainda sujeito a etapas de aprovação, foi celebrada como uma vitória da gestão Bolsonaro, embora o próprio presidente tenha destacado os méritos do governo Temer na conquista. "A questão do Mercosul devemos em parte a Michel Temer, não vou tirar o Michel Temer fora. Uma negociação que se arrastava havia vinte anos, Michel Temer começou realmente a tratar desse assunto com seriedade e depois nós impulsionamos", disse. Ainda há um longo caminho para que o acordo União Europeia-Mercosul possa começar a vigorar. Depois da celebração da sua assinatura em junho, ele entrou na fase de revisão técnica e jurídica — um processo feito internamente pelos países participantes que deve durar em torno de seis meses. Aí, então, o texto deverá passar pelo crivo dos parlamentos dos países-membros dos dois blocos comerciais. Nesse momento, o União Europeia-Mercosul poderá ser aprovado, rejeitado ou arquivado.

O acordo comercial com a União Europeia foi assinado em Bruxelas no mesmo período em que, em Osaka, no Japão, se reuniam líderes do G20 — entre eles, Bolsonaro. Comparada à estreia na arena internacional em Davos, sua participação na cúpula foi um sucesso. A viagem, porém, começou dando errado. Durante uma escala em Sevilha, na Espanha, a descoberta de que um sargento da Aeronáutica havia tentado contrabandear 39 quilos de cocaína num dos aviões da comitiva presidencial constrangeu o governo e azedou o humor de Bolsonaro. No primeiro dia do G20, as pressões internacionais em torno da política ambiental brasileira, feitas primeiro pela chanceler alemã, Angela Merkel, e depois pelo presidente da França, Emmanuel Macron, fizeram o presidente declarar que o Brasil não aceitaria advertências estrangeiras no assunto.

O clima foi desanuviando ao longo do evento. Em contraste com o isolamento em Davos, Bolsonaro teve encontros com diversos líderes — e saiu-se bem. Surpreendeu Macron ao sinalizar que o país seguiria, sim, no acordo climático de Paris, e reforçou o lobby para a entrada do Brasil na Organização para a Cooperação e Desenvolvimento

Econômico (OCDE) em reunião com o secretário-geral da entidade, José Angel Gurría Treviño. O brasileiro ainda teve encontros bilaterais com Donald Trump; Shinzo Abe, do Japão; Lee Hsien-Loong, de Cingapura; Narendra Modi, da Índia; e Mohammed bin Salman, da Arábia Saudita. O presidente voltou ao Brasil maior do que havia saído. Trazia debaixo do braço a assinatura de um acordo histórico, o cartão de visitas de ao menos sete líderes do G20 e vários afagos do presidente dos Estados Unidos, que declarou que o colega era "um homem especial e muito amado pelos brasileiros". O ex-capitão estava nas nuvens. Naquele dia, entre todos os habitantes do Brasil, só havia uma pessoa mais feliz que Jair Bolsonaro. Chamava-se Eduardo Bolsonaro, também conhecido como Zero Três.

Tchutchuca é a mãe

Em 11 de julho, Bolsonaro declarou que pretendia nomear o filho Eduardo para a embaixada do Brasil em Washington um dia depois de ele completar 35 anos, idade mínima exigida para um brasileiro ocupar o posto mais alto da hierarquia diplomática. Mas, na versão do presidente, um outro motivo o levou a escolher a data do anúncio: o desejo de baixar a crista de Rodrigo Maia. Na noite anterior, o plenário da Câmara Federal havia aprovado em primeiro turno o projeto de reforma da Previdência enviado pelo governo Jair Bolsonaro, com todos os louros creditados a Maia, festejado como o principal responsável pelo feito. O projeto aprovado, mesmo desidratado — previa uma economia de 1,2 trilhão de reais em dez anos, mas saiu da votação com 200 bilhões a menos e chegaria à reta final, em outubro, poupando 800 bilhões de reais, um terço a menos do que o desejado por Guedes —, estabelecia mudanças bem mais robustas que as realizadas pelos governos Fernando

Henrique, Lula e Dilma, e era mais rigoroso que a proposta apresentada (e nunca levada a plenário) por Michel Temer. Foram 379 votos a favor, 71 a mais do que os 308 necessários.

Antes de abrir o painel com o resultado, Maia fez um discurso de quinze minutos exaltando o momento histórico vivido pelo Congresso, cujo protagonismo, afirmou, seria mantido ("sem tirar prerrogativas do presidente"). Era um jeito maroto de anunciar que o "parlamentarismo branco", costurado pelos parlamentares em maio, deixara de ser uma ideia e virara uma prática. Maia terminou a fala ovacionado. Minutos depois, com o resultado da votação já conhecido, o deputado Delegado Waldir pediu a palavra. Da tribuna, o líder do partido de Bolsonaro na Câmara afirmou: "Sem Maia, nós não chegaríamos a este momento". O presidente da Câmara foi às lágrimas e, no dia seguinte, sua foto com o semblante emocionado ilustrava a primeira página de todos os jornais.

Bolsonaro nunca confiou em Rodrigo Maia. As rusgas de abril quase puseram a pique o apoio do presidente da Câmara à aprovação da reforma e, com ele, os fundamentais votos do Centrão, cujos líderes foram os responsáveis pela vitória e aos quais Maia agradeceu em seu discurso.

Ninguém tirava da cabeça do presidente que, ao trabalhar pela Previdência, Maia trabalhava para si próprio — mais especificamente, para se cacifar junto a empresários, de olho num projeto político futuro. Assim, no dia seguinte à aprovação da reforma, o presidente se vangloriou diante de um assessor da "vingança" que teria perpetrado contra o deputado, anunciando a futura nomeação do filho logo depois da aprovação do texto-base, de modo a "tirar o Rodrigo do noticiário". Comentou ainda que seu plano dera certo, já que eram dele — e de Eduardo— as manchetes de todos os jornais naquela sexta-feira.

Na verdade, o presidente só falou da intenção de fazer o filho embaixador porque foi instado a confirmá-la por uma repórter no portão do Palácio da Alvorada na manhã do dia 12. A informação havia acabado de ser publicada no site Brazilian Journal. Não foi, portanto, Bolsonaro quem a anunciou — e muito menos de caso pensado, como quis fazer crer quando vendeu ao assessor a versão pueril da sua "vingança" contra Maia.

Bolsonaro se orgulha de pautar a mídia e ocupar espaço no noticiário, seja qual for o motivo. Na votação do impeachment de Dilma, quando o então deputado pelo PSC homenageou o torturador Carlos Alberto Ustra, até amigos próximos consideraram que ele havia passado dos limites. Três semanas mais tarde, no Rio, Bolsonaro foi ao encontro dos mesmos amigos levando nas mãos a cópia de uma reportagem que o jornal *The New York Times* fizera sobre ele. Era um perfil do político que homenageava torturadores e se dizia incapaz de amar um filho se soubesse que ele era gay. Balançando as folhas no ar, Bolsonaro provocou: "Algum de vocês já foi capa do *New York Times*?".

"Cumprimento a Câmara dos Deputados, na pessoa do seu presidente Rodrigo Maia, pela aprovação, em primeiro turno, da PEC da Nova Previdência. O Brasil está cada vez mais próximo de entrar no caminho do emprego e da prosperidade", escreveu Bolsonaro em uma rede social. Se espicaçou Maia nos bastidores, em público reconheceu seu mérito — e, por tabela, a importância da reforma. Era um progresso considerável aos olhos da equipe econômica do governo. Em fevereiro, uma semana depois de ter entregue o texto da proposta ao Congresso, o presidente disse em encontro com jornalistas que poderia rever o critério de aposentadoria das mulheres. O projeto do governo estabelecia a idade mínima em 62 anos, Bolsonaro afirmou que poderia reduzi-la para sessenta. O fato de o presidente da República queimar na largada, declarando que um ponto central da proposta recém-enviada ao Legislativo poderia virar letra morta, deixou seus assessores no Ministério da Economia de cabelo em pé e fez acender o alerta vermelho entre os investidores. No início de 2017, o deputado Jair Bolsonaro, historicamente contra mudanças na Previdência, julgara "falta de humanidade" a proposta do governo Michel Temer de estabelecer em 65 anos a idade mínima para a aposentadoria dos homens.

Em julho de 2019, no entanto, a eloquência dos números havia convencido o presidente da necessidade de rever as regras do setor. No Brasil, como apontam os economistas Paulo Tafner e Pedro Fernando Nery, cada bebê que nasce já deve 70 mil reais à Previdência.[40] Como consequência do envelhecimento da população e da melhora da expectativa de vida, o que o sistema arrecada com a soma das contribuições de empregados e empregadores é sempre inferior ao que o governo tem de pagar em benefícios. Em 2017, sobrou para a União um déficit de 269 bilhões de reais.

Guedes não precisou de muito esforço para mostrar ao presidente a urgência da situação. Em 2018, a despesa com a Previdência consumiu 58% dos gastos primários da União — sobraram 13% para pagar os salários do funcionalismo, 9% para a saúde, 7% para a educação e 2% para o Bolsa Família. Todas as outras despesas — com segurança, meio ambiente, defesa, transportes, cultura etc. — precisaram fazer um rateio dos 9% restantes dos gastos obrigatórios. Para os chamados gastos discricionários — aqueles à escolha do Poder Executivo — restaram menos de 3% do orçamento. É nessa ínfima faixa, no entanto, como lembram Tafner e Nery, que circulam os investimentos públicos com maior efeito multiplicador sobre o crescimento da economia. Quando se pensa que em poucos anos — mais precisamente em 2026 — a Previdência consumirá não mais 58% dos gastos federais, mas 80% deles, fica claro que, sem mudanças, o modelo previdenciário inviabiliza o país. Por tudo isso, o governo comemorou a aprovação da reforma em primeiro turno na Câmara como a maior conquista até então na área econômica.

Um dos responsáveis pelo feito, no entanto, não estava nada satisfeito com o resultado. "Fui derrotado", lamentava-se o ministro da Economia. Falando na terceira pessoa, repetia a amigos: "Paulo Guedes foi derrotado". Para o economista, a reforma da Previdência não era apenas um imperativo para a retomada do crescimento, era o seu Rubicão. Dessa travessia dependia seu sucesso no governo — sucesso que, por sua vez, seria a prova cabal daquilo que ele repetia de forma quase obsessiva nos últimos anos: que "aqueles idiotas da PUC-Rio" estavam errados ao "vetar" seu ingresso no mundo acadêmico. Isso havia ocorrido nos anos 1980, mas Guedes sempre deu mostras de que não esquecera os acontecimentos. Recém-chegado ao Brasil depois de concluir seu doutorado na Universidade de Chicago, ele tinha a expectativa de que seria convidado para ser professor em tempo integral em universidades de prestígio, como a PUC ou a FGV. Não foi o que ocorreu. Guedes foi chamado apenas para dar aulas por tempo determinado — segundo interpreta hoje, porque não se adaptou às "panelinhas" que dominavam o ambiente universitário. "Sou um cara de politização tardia. Demorei a descobrir que não era ortodoxo o suficiente para a FGV e nem heterodoxo o bastante para a PUC", disse.[41] Insatisfeito com sua situação profissional no país, aceitou um convite para lecionar na Universidade do Chile, em plena ditadura Pinochet. Guedes disse que desistiu do emprego e do "ótimo salário" depois de ter a casa vasculhada por agentes da polícia secreta do ditador chileno. A partir de 1983, ele mergulhou na iniciativa privada, onde fez um bom dinheiro e continuou a cultivar desafetos. Suas críticas a planos econômicos de governo, como o Cruzado e o Real, mais divergências pontuais com economistas que participaram deles, como Edmar Bacha, Persio Arida, André Lara Resende e Luiz Carlos Mendonça de Barros, ajudaram a aprofundar o abismo entre o ministro e boa parte dos economistas brasileiros de primeiro time, com os quais até hoje mantém relações tensas.

A proposta de reforma da Previdência elaborada pela equipe de Guedes chegou ao Congresso em fevereiro, mas só no mês seguinte o projeto entrou em sua primeira etapa de tramitação — a análise pela Comissão de Constituição e Justiça (CCJ). A data coincidiu com o momento em que a tensão entre os Poderes começava sua escalada. No final de março, o presidente da República e o presidente da Câmara batiam boca em público. Bolsonaro dizia que Maia representava a "velha política", enquanto este respondia que o governo de Bolsonaro era "um deserto de ideias".[42] Lideranças do Congresso eram massacradas nas redes sociais como vendilhões do templo (e desconfiavam que o bombardeio fosse estimulado pelo presidente da República). Como numa luta de vale-tudo, Executivo e Legislativo se esmurravam no ringue e o sangue espirrava na plateia.[43]

Foi nesse clima que, no dia 3 de abril, Paulo Guedes compareceu à sessão da CCJ para defender o projeto de reforma do governo. Era a segunda vez que o ministro era chamado pela comissão. Em outra oportunidade, ele chegou a aceitar o convite, mas na última hora cancelou sua presença. Dessa vez, líderes da oposição ameaçavam convocá-lo se não aparecesse. O ministro sabia que enfrentaria uma audiência hostil na CCJ, mas bastaram alguns minutos para ele perceber que havia subestimado os riscos. Caíra numa cova de leões. Dezessete parlamentares do PT, PSOL e PDT haviam se inscrito com antecedência na lista de arguição para emparedá-lo — uma cilada que o deputado Major Vitor Hugo, líder do governo na Câmara, demorou a perceber. Sem nenhuma estratégia para defender Guedes e a proposta do governo, Vitor Hugo deixou de fazer a única coisa que podia para evitar o massacre do ministro: pedir a alteração na ordem dos deputados inscritos, de maneira que oposição e situação se alternassem, dando a Guedes algum respiro.

Sem fôlego nem rede de proteção, o ministro ficou três horas sob pancadaria, ironias e provocações. Um parlamentar observou que ele deveria se dirigir aos deputados pelo nome e não com o genérico do cargo. Outra reclamou que ele não anotava as perguntas que lhe faziam.[44] "Projeto criminoso" foi a expressão mais branda que a oposição empregou para se referir à sua proposta de reforma. Guedes devolvia na mesma moeda. Causou tumulto a resposta que deu aos deputados que protestaram quando ele citou o Chile, cujo modelo de Previdência inspirou o que considerava ideal: "O Chile tem 26 mil dólares de renda per capita [...]. A Venezuela deve estar melhor, né?", provocou. A gritaria que se seguiu obrigou o presidente da CCJ, Felipe Francischini, a lembrar aos presentes que aquilo não era "briga de rua".

Na sexta hora de audiência, o caldo transbordou. O deputado Zeca Dirceu (PT-PR) disse que o ministro era condescendente com os privilegiados e duro com os desvalidos. Ou, nas suas palavras, "tigrão" com aposentados, mas "tchutchuca" com os representantes da elite. Apoplético, Guedes respondeu com o vitupério até hoje lembrado: "Tchutchuca é a mãe, tchutchuca é a avó!". A balbúrdia se instalou. Guedes vociferava contra Dirceu de dedo em riste; deputados gritavam uns com os outros. Francischini perdeu o controle do microfone e teve de encerrar a sessão.

No carro a caminho do ministério, Guedes pôs a cabeça entre as mãos. "Eu não podia ter feito isso", disse a Guilherme Afif Domingos. O ex-vice-governador de São Paulo e ex-ministro do governo Dilma era agora assessor especial do ministro. Quando concorreu à Presidência da República pelo Partido Liberal, em 1989, Afif convidou

Guedes para elaborar seu plano econômico. Era uma amizade de longa data. O ex-governador consolou o amigo: "Você aguentou até demais, Paulo". Ao chegar ao ministério, Guedes passou pela secretária sem dizer nada e se fechou na sala. Enquanto isso, Afif interfonou para Mansueto Almeida, secretário do Tesouro, e contou que o chefe estava arrasado. Almeida reuniu todo o secretariado do ministério e foi à sala de Guedes.

Ao vê-lo entrar, o ministro perguntou: "Mansueto, você ficou decepcionado comigo, não é?".

O secretário respondeu: "Estamos aqui para dizer que temos orgulho de você, Paulo. Você nos defendeu, defendeu a instituição".

Um a um, os secretários o abraçaram e o cumprimentaram pela performance.

"*No retreat, no surrender!*", bradou alguém, emulando o grito de guerra que Guedes costuma soltar ao fim de toda reunião com sua equipe. O ministro tirou o lema do título do filme em que o ator Jean-Claude van Damme faz o papel de vilão e que foi traduzido no Brasil como *Retroceder nunca, render-se jamais*.

Guedes se curou rápido do trauma da CCJ. Aos sábados, quando está no Rio, tem o hábito de caminhar pelo calçadão da avenida Atlântica. Depois do episódio da tchutchuca, ele comentaria satisfeito com membros de sua equipe que nunca havia sido parado tantas vezes na rua com pedidos de selfie.

Até aquele momento, sua relação com o presidente da Câmara era mais do que satisfatória — a ponto de Guedes muitas vezes fazer o papel de algodão entre cristais nos confrontos entre Maia e Bolsonaro. Mas tudo mudou depois que, da CCJ, o texto da reforma foi para a comissão especial da Câmara e saiu de lá mais magro. As mudanças feitas pela comissão especial reduziam ainda mais a economia pretendida pelo governo. Guedes sentiu-se traído pelo relator, o tucano Samuel Moreira. Enfureceu-o em especial o recuo nas regras de transição para a aposentadoria dos funcionários públicos, que ele atribuiu "às pressões corporativas de servidores do Legislativo". O ministro fez questão de tornar públicas suas críticas. Atacou Moreira, rompeu com Maia e acusou os parlamentares de não terem "compromisso com as novas gerações". A um interlocutor, desabafou: "Eu queria fazer a revolução. Eles fizeram essa reforma meia boca". Assessores tiveram de convencê-lo de que havia conseguido uma vitória. "Levante a cabeça, Paulo!", dizia um deles.

Críticos do ministro o acusam de ser "pouco operacional" — do tipo mais afeito a planejar obras grandiosas do que a executá-las. Guedes, no entanto, gosta de ser visto e se apresenta como um "homem de resultados". No começo do governo, a pedido de Bolsonaro, ele compareceu a um encontro com evangélicos no palácio. Durante a reunião, um dos presentes pediu que Deus abençoasse a economia e perguntou se o ministro tinha convicções religiosas. "Tenho", respondeu o ministro. "Mas elas não interferem no meu trabalho." Explicou: "A realidade econômica é como um peixe. As questões sobre de onde viemos e para onde vamos são como o rabo e a cabeça do peixe. Eu jogo as duas partes fora e trabalho com o que interessa, que é o meio".

A primeira vez que Bolsonaro ouviu falar em Paulo Guedes foi em 11 de outubro de 2017, durante uma viagem aos Estados Unidos. Em Nova York, sua agenda previa um jantar com o lutador de jiu-jítsu Renzo Gracie e um café da manhã com representantes da comunidade evangélica brasileira. No grupo que viajou com ele estava a ex-procuradora do Distrito Federal e hoje deputada pelo PSL Bia Kicis, então uma conhecida blogueira de direita. Num momento em que ela e Bolsonaro caminhavam lado a lado na rua, Kicis recebeu um WhatsApp do amigo Winston Ling, empresário brasileiro radicado na China e, como ela, blogueiro de direita. De Hong Kong, Ling contava que o economista Gustavo Franco tinha acabado de ir para o Partido Novo e que a Bolsa havia disparado. Eles também precisavam apresentar um economista ao candidato do PSL, dizia Ling. "Li num jornal um texto do Paulo Guedes elogiando o Bolsonaro e pensei nele. Acho uma boa. Pode perguntar pro Bolsonaro se ele topa um encontro?", escreveu no WhatsApp. "Perguntei na mesma hora", lembra Kicis. "Bolsonaro respondeu: 'Topo. Cuida disso aí, dona Bia'. Ele me chama de 'dona Bia' pra tirar sarro."

Ling tinha estado com Bolsonaro duas vezes apenas e nunca havia encontrado Guedes. Pediu o contato do economista para seu irmão, o também empresário (antibolsonarista e ligado ao Partido Novo) William Ling. Mandou uma mensagem de WhatsApp que foi respondida pela filha de Guedes, Paula. "Conversei e ela me passou o celular do Paulo. Mandei outra mensagem, me apresentei e perguntei se queria conhecer o Bolsonaro. Ele reagiu bem", conta o empresário.

O encontro aconteceu no Rio de Janeiro no dia 13 de novembro de 2017, no Sheraton da Barra. Além de Bolsonaro, Guedes, Bia Kicis e Ling, participaram Eduardo Bolsonaro, Gustavo Bebianno e um assessor do gabinete de Carlos Bolsonaro. A reunião durou quase cinco horas. A palavra esteve com Guedes durante 90% do tempo. O economista falou sobre a infância, a origem modesta (o pai era vendedor e a mãe, servidora pública) e agradou o candidato ao revelar que, adolescente, havia estudado num colégio militar em Belo Horizonte. Contou que era formado pela Universidade Federal de Minas Gerais com mestrado na Fundação Getulio Vargas, que havia lecionado no Chile e feito doutorado na Universidade de Chicago, nos Estados Unidos. Disse que, desde que havia voltado ao Brasil, "todos os presidentes da República" o haviam convidado para desfazer os equívocos que outros economistas tinham cometido. "Eles fazem cagada e os presidentes têm de chamar alguém de Chicago para limpar."

A mesma conversa que estava tendo com Bolsonaro naquele momento ele já teria tido com os presidentes que o haviam chamado, mas os encontros nunca teriam resultado num compromisso porque ele exigia dos mandatários carta branca para colocar em prática seu programa. "Não dá para fazer pela metade", disse. Bolsonaro pouco falou ou perguntou. Um dos raros momentos em que se manifestou foi quando o interlocutor disse que o governo deveria "privatizar tudo". O ex-capitão ensaiou uma discordância, lembrando a importância de setores estratégicos, mas Guedes rebatia cada observação com três argumentos contundentes. Um assessor do hoje ministro diz que sua capacidade de persuasão é uma de suas grandes qualidades. O general Augusto Heleno afirma que Guedes "vende até pente pra careca".

168

Ao final da reunião, quando todos se levantaram, Eduardo Bolsonaro foi até o economista e o cumprimentou: "Foi um prazer conhecê-lo, futuro ministro da Fazenda". Ling sugeriu que, nos dias seguintes, Guedes e Bolsonaro deveriam ter um segundo encontro a sós, para os acertos finais. Ambos concordaram. Passaram-se os dias, passou-se uma semana, e nada. Até que Guedes perguntou por WhatsApp a Bia Kicis se a conversa com Bolsonaro era ou não para valer. Ela ligou para o candidato dizendo-se preocupada. Contou que Guedes a procurara e estava incomodado com a demora para marcar a segunda reunião. Bolsonaro desculpou-se: "Ô dona Bia, é que eu não tenho o telefone dele".

O segundo encontro finalmente aconteceu. Bia e Ling aguardavam ansiosos pelo resultado, até que, no grupo de WhatsApp que ela e Ling montaram para se comunicar com Guedes, piscou a mensagem. Tinha três palavras: "Foi muito bom", escreveu o economista. No dia 27 de novembro, duas semanas depois de ser apresentado a Guedes, em evento organizado pela revista *Veja*, à pergunta do jornalista Augusto Nunes sobre quem seria seu ministro da Economia, Bolsonaro disse que estava "namorando" Paulo Guedes.

Guedes chama o presidente de Jair e Bolsonaro o chama de Paulo. Assessores do ministro se dizem surpresos com a relação que os dois estabeleceram. Guedes é estourado, diz um deles, mas tem uma inaudita paciência com o ex--capitão. No começo de abril, ao saber que a Petrobras iria aumentar o preço do diesel, o presidente pegou o telefone e ligou para a direção da empresa ordenando o cancelamento do reajuste. As ações da petroleira chegaram a cair 7,5%

de imediato. Guedes correu para apagar o incêndio. Explicou a seu superior os fatores que compunham o preço do combustível e, em seguida, engatou o argumento decisivo: "Em outubro, nós vamos fazer o maior leilão de petróleo do mundo. São 10 bilhões de barris. Se passar para o investidor que você está querendo controlar o preço do diesel, nós vamos perder esse investimento maravilhoso que está debaixo do mar". O ministro se referia ao excedente de petróleo descoberto nos campos do pré-sal cuja exploração a União cedeu à Petrobras em 2010. A estimativa, feita na época, de extrair 5 bilhões de barris ao longo dos quarenta anos do contrato de cessão das áreas, revelou-se subestimada. O volume descoberto nos campos do pré-sal tem o potencial de produzir até 15 bilhões de barris. O leilão mencionado por Guedes — que ocorreu em novembro, com resultado bem abaixo das expectativas — se destinava a licitar a exploração desse excedente.

À saída da reunião com o chefe, o ministro declarou aos jornalistas que o presidente havia entendido como funcionava a política de preços dos combustíveis e não iria mais interferir na Petrobras. Pouco depois, o porta-voz da Presidência, Otávio do Rêgo Barros, reforçou a afirmação de Guedes, reproduzindo em primeira pessoa o que teria dito Bolsonaro: "Uma frase que o nosso presidente disse logo no início da reunião: 'Eu não quero e não tenho direito de intervir na Petrobras'".

Um dos secretários de Guedes diz que o presidente "reage a certas informações como se estivesse assistindo ao *Jornal Nacional* com amigos numa mesa de bar". Diante da notícia de aumentos de preço da gasolina ou de subida

170

da taxa de juros, seu impulso é dizer: "Como assim? O que esses caras [do ministério] estão fazendo? Aí o Paulo vai lá, explica e ele entende", diz o assessor.

Em julho, Bolsonaro parecia ter certeza de que estava numa mesa de bar. No dia 19, em café da manhã com jornalistas no Palácio do Planalto, o presidente da República disse que: 1) não existia fome no Brasil ("Falar que se passa fome no Brasil é uma grande mentira. [...] Você não vê gente mesmo pobre pelas ruas com físico esquelético como a gente vê em alguns outros países [...] pelo mundo"); 2) a jornalista Miriam Leitão mentira que sofrera tortura ("[Ela] conta um drama todo, mentiroso, que teria sido torturada, sofreu abuso etc. Mentira, mentira"); 3) os números sobre o desmatamento da Amazônia eram falsos ("Com toda a devastação que vocês nos acusam de estar fazendo e de ter feito no passado, a Amazônia já teria se extinguido").

No início do mês, o presidente havia tido a primeira trombada séria com um órgão ambiental. O Inpe (Instituto Nacional de Pesquisas Espaciais) divulgou que, em junho, o desmatamento na Amazônia havia aumentado 88% em relação ao mesmo mês do ano anterior. Bolsonaro ficou irritado com a informação e classificou os dados de "números mentirosos" divulgados "por maus brasileiros". Chegou a afirmar que o diretor do Inpe poderia estar a "serviço de alguma ONG".

No dia 29 de julho ele foi mais longe. Ao reclamar que a Ordem dos Advogados do Brasil (OAB) tentava atrapalhar a investigação do atentado cometido contra ele por Adélio Bispo, atacou pessoalmente o presidente da instituição, Felipe Santa Cruz. Afirmou que o pai do advogado havia sido morto não pela ditadura, mas por seus próprios companheiros. "Se o presidente da OAB quiser saber como é que o pai dele desapareceu no período militar, eu conto pra ele. Ele não vai querer ouvir a verdade", disse. Em seguida, por uma rede social, divulgou a versão de que Fernando de Santa Cruz Oliveira, que foi membro da Ação Popular Marxista-Leninista, havia sido "justiçado" por membros da organização de esquerda Ação Popular, fundada pela juventude católica e que deu origem ao grupo de Oliveira. Sua informação estaria baseada em "conversas" que ele teria tido na época.

Essas declarações produziram uma reação negativa de intensidade inédita — e não apenas porque Bolsonaro havia usado a memória de um morto para atingir um adversário político. Elas deixavam claro que o presidente, que sempre usou do direito de expressar suas próprias opiniões, agora passava a contar os seus próprios fatos. No caso do pai do presidente da OAB, desaparecido no dia 22 de fevereiro de 1974, depoimentos colhidos pela Comissão Especial sobre Mortos e Desaparecidos concluíram que ele foi morto de forma violenta pelo Estado, depois de ficar preso no DOI--Codi do Rio de Janeiro. Da mesma forma, registros oficiais atestam que Miriam Leitão (inocentada na Justiça de todas as acusações feitas pelo regime) foi presa, torturada e ameaçada de estupro pela ditadura em 1973, quando estava grávida. Mesmo diante das evidências e da intensa repercussão de suas falas, Bolsonaro só recuou a respeito da inexistência da fome no Brasil. "Alguns passam fome", reconheceu.

Quanto ao desmatamento da Amazônia, o presidente não deixou por menos. No dia 2 de agosto, menos de um mês depois da divulgação do relatório do Inpe com os dados de junho, determinou a exoneração do diretor do instituto. Físico, engenheiro e professor titular da USP, Ricardo Galvão ocupava a direção do Inpe desde 2016. Um assessor que esteve com Bolsonaro no dia da saída do físico relata como o presidente comemorou sua exoneração: "Mais um vermelhinho fora", exclamou. E fazendo com as mãos o gesto de campanha que imitava uma arma, completou: "Na nuca!". A demissão do diretor do Inpe estava longe de ser a consequência mais drástica da visão de Bolsonaro sobre a Amazônia.

O inimigo das árvores

Todos os presidentes da República são sozinhos aos domingos. Mas Oscar Niemeyer ajudou a piorar um pouco a situação dos mandatários brasileiros. O Palácio da Alvorada, com suas formas horizontais, colunas sinuosas, cortinas de vidro e pé-direito altíssimo, foi projetado para dar impressão de leveza, como se estivesse flutuando no ar. Mas tamanha amplidão pode também incomodar — ilustres moradores, como Michel Temer e Lula, diziam se sentir perdidos em meio a tanto espaço. O Alvorada tem 7300 metros quadrados distribuídos por três andares. No subsolo ficam o cinema e o salão de jogos, a despensa e a adega, além de áreas de serviço como lavanderia, refeitório, vestiários e dormitórios dos funcionários. O térreo é a ala de maior circulação. Abriga o Salão Nobre, o Salão de Estado, o Salão de Banquetes, a Sala de Música e a biblioteca, com um acervo de mais de 3400 obras. O andar superior tem oito quartos, dos quais quatro são suítes privativas do presidente e seus familiares, mais salas de massagem, cabeleireiro e barbeiro. O apartamento do presidente é o maior, com oitenta metros quadrados.

Aos domingos, o silêncio só é quebrado pelos sussurros dos copeiros. O ambiente contrasta com a rotina frenética que domina os dias úteis dos presidentes, a todo momento solicitados a tomar decisões, sempre rodeados de assessores, sempre tendo alguém à espera deles. Nos fins de semana, o cenário é outro: salvo em caso de urgência, nenhum assessor telefona ou manda mensagem, ninguém bate à porta sem ser convidado. O chefe do Executivo, por sua vez, tenta preservar o descanso de seus colaboradores. E assim, se seus familiares têm algum compromisso fora, o presidente passa a ser um homem só — e os domingos no Alvorada são de quietude e tédio.

Fernando Henrique Cardoso costumava mitigar a solidão chamando jornalistas amigos para uma pizza no fim da tarde. Eram convidados frequentes Ana Tavares, sua secretária de imprensa; Heraldo Pereira, repórter da TV Globo; Rodolfo Fernandes e Jorge Moreno, o primeiro diretor e o segundo colunista do jornal *O Globo*, ambos já falecidos. Lula mandou reformar o Alvorada e durante a obra morou por um tempo na Granja do Torto, projetada para ser a casa de campo dos presidentes. Lá organizava peladas, churrascos, festas juninas. Quando não havia nada disso, ou quando a festa acabava e os convidados partiam, o programa do petista era tomar uísque ao lado de amigos como o advogado Sigmaringa Seixas e o empresário Jorge Ferreira, também já mortos. Dilma Rousseff dispensava companhia. Preferia passar o fim de semana vendo planilhas ou assistindo a séries da Netflix (nos últimos dois anos, sua favorita era *Better Call Saul*, do mesmo roteirista de *Breaking Bad*). Michel Temer foi um inquilino breve. Ficou doze dias no Alvorada e voltou correndo para o Palácio do Jaburu, que dizia ter "mais cara de casa". Lá, costumava trabalhar nos fins de semana e fazer reuniões com ministros.

Como Temer e Lula, Bolsonaro não gosta de morar no Alvorada: acha "frio" e grande demais. Tão frio e tão grande que, em vez de usar a biblioteca ou outra sala que poderia lhe servir de escritório, ele decidiu despachar do próprio quarto — mais precisamente, do closet. Seu closet tem cerca de trinta metros quadrados e araras dispostas em formato de letra U. O presidente pediu que instalassem uma escrivaninha com computador e uma cadeira na frente de uma das pontas do U. É lá, entre cabides e gravatas, que o presidente trabalha quando está em casa. Diz que se sente mais "aconchegado". Nas araras, além de camisas sociais e ternos, há uma coleção de camisetas de time. Depois que, no início do governo, o presidente surgiu em público com uma camiseta do Palmeiras falsificada, a CBF lhe mandou três caixas de uniformes oficiais de clubes diversos, acompanhados de agasalhos com seu sobrenome escrito nas costas.

Bolsonaro passa horas no closet, olhando o celular, postando textos nas redes sociais ou conversando com amigos, instalados num pufe ao lado da escrivaninha. O ex-deputado Alberto Fraga é um dos poucos com acesso ao fim de semana e ao closet do presidente. Sempre que visita Bolsonaro, o anfitrião lhe pergunta como anda sua "capivara" — o equivalente a "ficha criminal", na gíria policial. Fraga foi condenado em primeira instância em dois processos por concussão (tentativa de extorsão praticada por funcionário público). Os crimes teriam sido cometidos quando ele foi secretário de Transportes do Distrito Federal entre 2007 e 2010, no governo José Roberto Arruda. Um dos processos inclui uma gravação feita com ordem judicial em que o ex-deputado reclama para um intermediário da Coopertran, cooperativa de micro-ônibus do Distrito Federal, que está recebendo menos dinheiro que um assessor seu. Segundo a acusação, tratava-se de propina.[45] Fraga defende-se dizendo que, nas conversas gravadas, ele estaria apenas "dando corda" ao interlocutor com o objetivo de flagrar um suposto esquema de corrupção em sua pasta. Condenado pelo Tribunal de Justiça em setembro de 2018, a menos de duas semanas da eleição em que concorria a governador do Distrito Federal pelo DEM, Fraga acabou em sexto lugar. O ex-deputado apelou da sentença e aguarda o julgamento do recurso.

Em setembro de 2019 Fraga foi absolvido da segunda condenação. Ele era acusado de receber 350 mil reais para assinar contratos de adesão entre o governo do Distrito Federal e uma cooperativa de transportes do Gama, cidade-satélite de Brasília. A Segunda Turma do Tribunal de Justiça do Distrito Federal reverteu a sentença e absolveu Fraga por unanimidade. Logo que foi eleito, Bolsonaro chegou a anunciar que o amigo seria o coordenador da bancada governista, com status de ministro. Diante da grita nas redes, o presidente recuou e voltou a afirmar que não nomearia nenhum condenado por corrupção. Mas prometeu a Fraga um lugar no governo tão logo ele resolvesse sua capivara.

Bolsonaro recebe os amigos vestido sempre do mesmo jeito: camiseta de time, bermuda e chinelo de plástico. O medo de um atentado o persegue até hoje, e por isso ele evita circular pelos jardins do palácio ou ao redor da piscina de cinquenta metros de comprimento — não mais permanentemente aquecida, já que, "para economizar", o presidente mandou desligar a energia. O extenso jardim, com uma lagoa e uma cascata natural, atrai araras-azuis e pássaros do cerrado com suas sibipirunas, araucárias e pau-brasil. Foi projetado pelo paisagista japonês Yoichi Aikawa, responsável pelos jardins do Palácio Imperial do Japão, em Tóquio. Bolsonaro quase não o frequenta por se sentir "muito vulnerável" lá. "Um drone ou um atirador de elite com um fuzil de um 1,5 quilômetro de alcance me pega fácil", explica aos amigos.

Se dependesse da vontade dele, o presidente moraria no Torto, onde se instalou durante o governo de transição. Mas a primeira-dama não quis. Aos sábados, Michelle Bolsonaro costuma frequentar cursos na igreja evangélica, e a filha do casal, Laura, faz equitação e muitas vezes tem campeonatos no fim de semana. Bolsonaro gosta de assistir TV. Um de seus programas preferidos é *Chaves*, antiga série mexicana de humor retransmitida pelo SBT nos fins de semana. Nessas ocasiões ele costuma comer pipoca. No lanche da tarde, panqueca recheada de carne, frango ou linguiça. Tirando "uma latinha de cerveja por mês", o presidente não costuma beber. Prefere água de coco.

Num sábado solitário de agosto, Bolsonaro saiu para cavalgar com a filha no Quartel-General do Exército. Ao final do passeio, parou junto com a comitiva no quiosque onde sua equipe de segurança fazia um churrasco. Resolveu ficar e convidou os jornalistas e seus motoristas que o seguiam para o acompanharem. O cardápio era churrasco acompanhado de mandioca, farofa, arroz e molho vinagrete.[46] Sem a presença de nenhuma autoridade do Exército, o presidente conversou por uma hora e meia com todos. Falou pouco de política e muito de amenidades. Contou que ganhou quatro quilos desde que assumiu a Presidência; que Michelle "sempre quer assistir novela" quando ele quer ver futebol; e que toma Cialis, remédio indicado para casos de disfunção erétil (a amigos, Bolsonaro nunca se importou em dizer que recorre ao medicamento).[47]

Mas nem sempre a relação do presidente com os jornalistas encarregados da cobertura do Palácio do Planalto é tão cordial. Em julho, Bolsonaro passou a falar com os setoristas praticamente todos os dias. Ao deixar o Alvorada, quase sempre às 8 horas, ele manda o motorista parar o carro no portão, na altura dos pavilhões em que são hasteadas as bandeiras do Brasil e o brasão da República; lá há dois cercadinhos — um para turistas e outro para jornalistas, que passaram por uma máquina de raio X, como as dos aeroportos. O presidente desce do carro, cumprimenta os apoiadores e posa para selfies. Em seguida para diante dos repórteres e, se julga que a imprensa não se portou como deveria, fica apenas o tempo suficiente para descarregar uma bronca.

O presidente tem dificuldade para dormir e quase sempre está de pé antes das cinco da manhã, quando lê os links de notícias que amigos e assessores lhe encaminham, além da versão impressa dos principais jornais brasileiros (em dezembro, ele determinou o cancelamento dessas assinaturas).

Às vezes sai com um deles nas mãos e o sacode diante dos repórteres enquanto reclama de uma manchete. Outras vezes protesta porque os jornais não deram algo que considera positivo de seu governo, como fez no dia 5 de setembro. "Ontem estive em Goiânia recebendo o (avião cargueiro) kc-390, um orgulho da empresa aeronáutica brasileira. Nenhuma linha nas capas dos jornais. *Estado*, *Folha* e *Globo*. À tarde, criamos a pensão para mães de crianças com zika vírus. Nada. Como só querem notícias ruins, vão arranjar em outro lugar, não vai ser comigo." Virou as costas e foi embora.

Se está de bom humor, Bolsonaro fala com gosto e não evita assuntos controversos. Por vezes chega a ficar por mais de uma hora em pé, respondendo a jornalistas. Quando isso ocorre, o presidente sabe que ficará o dia inteiro no noticiário. Suas falas começam a ir ao ar pela GloboNews logo que ele entra no carro e seguem nos telejornais dos canais abertos, tarde e noite adentro.

Durante a semana, o café da manhã no Alvorada é animado. Como nas casas de prefeitos do interior, amigos e aliados entram e saem, comem sentados ou em pé, conversam com o presidente e entre si, numa barafunda que só acaba quando Bolsonaro se levanta da mesa. São frequentadores assíduos o ministro Augusto Heleno, o assessor Filipe Martins, o Major Vitor Hugo e o sempre presente deputado Hélio Lopes, além de Tercio Arnaud Tomaz, amigo de Carlos Bolsonaro e responsável pela administração das redes sociais do presidente. Tomaz estava lotado no gabinete de Carlos Bolsonaro no Rio desde 2017 e ficou conhecido nas eleições por criar no Facebook a página Bolsonaro Opressor 2.0, uma das mais ativas durante a campanha e que tem em torno de 1,35 milhão de seguidores. Em janeiro de 2019, ele foi contratado para um cargo comissionado no palácio com remuneração de 13 mil reais. Mais do que atualizar o presidente sobre a repercussão de suas postagens e os humores de seus seguidores — por onde andam e para onde apontam —, ele cumpre outra função: estimular o "Bolsonaro raiz", como diz um assessor do Planalto. Aquele Bolsonaro que "fala o que pensa". E, pelo que fala e pensa, foi eleito, como gosta de lembrar Tomaz.

"Eu queria até mandar recado para a senhora querida Angela Merkel, que suspendeu 80 milhões de dólares pra Amazônia. Pega essa grana e refloreste a Alemanha, tá o.k.? Lá está precisando muito mais do que aqui." O presidente fez a declaração no dia 14 de agosto. No fim de semana anterior, a Alemanha havia congelado o repasse de 35 milhões de euros, o equivalente a 155 milhões de reais, para o financiamento de projetos de proteção da Amazônia. O anúncio foi feito pela ministra alemã do Meio Ambiente, Svenja Schulze: "A política do governo brasileiro na região amazônica deixa dúvidas se ainda se persegue uma redução consistente das taxas de desmatamento", ela disse a um jornal alemão.

No dia seguinte, a Noruega suspendeu repasses de 300 milhões de coroas norueguesas, o equivalente a 133 milhões de reais. O dinheiro seria destinado ao Fundo Amazônia, criado em 2008 e abastecido principalmente com recursos daquele país e da Alemanha. O dinheiro é administrado pelo BNDES e serve tanto para financiar projetos ambientais quanto para comprar carros para a fiscalização de derrubadas ilegais da mata e a prevenção de incêndios. "A Noruega não é aquela que mata baleia [...] no polo Norte?", ironizou Bolsonaro. "Não tem nada a dar exemplo para nós. Pega a grana e ajude a Angela Merkel a reflorestar a Alemanha", ele disse.

A suspensão do repasse por parte da Noruega foi uma resposta daquele país a mudanças feitas pelo governo Bolsonaro na gestão do fundo. Desde que ele foi criado, duas comissões indicadas pelo governo decidem onde serão aplicados os recursos recebidos. Em maio, Bolsonaro afastou os membros dos dois comitês e anunciou uma auditoria no fundo. Como boa parte dos militares brasileiros, o ex-capitão do Exército tem a convicção de que as preocupações ambientais dos países ricos não passam de camuflagem de sua cobiça pelas riquezas da Amazônia. "O Brasil é uma virgem que todo tarado de fora quer", disse em julho.

Desde que o governo dissolveu as comissões gestoras do Fundo Amazônia, os projetos que ele sustentava estagnaram. Até o mês de dezembro, os comitês não haviam sido recompostos, sobretudo porque o ministro do Meio Ambiente, Ricardo Salles, exigia a modificação de suas estruturas. Ele queria que o principal comitê tivesse o número de cadeiras reduzido de 23 para sete, sendo que cinco dos assentos caberiam ao governo federal. Noruega e Alemanha não toparam a alteração. A implosão do Fundo Amazônia e a demissão do presidente do Inpe que apontou o aumento das queimadas foram as primeiras brasas de uma fogueira que só começava a estalar.

No dia 22 de agosto, o presidente da França, Emmanuel Macron, escreveu em seu Twitter: "Nossa casa está queimando. Literalmente. A floresta amazônica, pulmão que produz 20% do oxigênio do nosso planeta, está em chamas. Isso é uma crise internacional". Naquele fim de semana, Macron seria o anfitrião da reunião do G7, em Biarritz. No final do tuíte, o presidente francês exortou os representantes dos países participantes a incluir as queimadas da Amazônia na pauta do encontro (o que acabou não ocorrendo). "Membros do G7, vamos discutir essa emergência de primeira ordem em dois dias." Sob o texto, o francês postou uma foto, supostamente recente, de uma mata em chamas; mais tarde, revelou-se que a imagem havia sido feita por um fotógrafo da *National Geographic* morto em 2003. O tuíte de Macron indignou Bolsonaro e os militares. No palácio, coronéis e generais debatiam sobre o que seria mais ultrajante no texto de Macron: o uso do pronome possessivo na primeira frase do texto ou a sugestão de que as queimadas na floresta eram um problema "internacional".

As Forças Armadas se consideram a principal guardiã da soberania brasileira na Amazônia, dada sua sólida presença na região e também a importância do trabalho social que desenvolvem lá. Assim, apenas uma coisa tem o condão de irritar mais um militar do que a sugestão de que o Brasil é incapaz de cuidar de parte de seu território: a ideia de que outros países possam fazer isso em seu lugar. A fala de Macron, portanto, teve o efeito involuntário de reaproximar Bolsonaro dos generais, além de contribuir para a disseminação do mito científico que afirma ser a floresta produtora de 20% do oxigênio do mundo (esse mérito é das algas marinhas, responsáveis por 55% do oxigênio lançado no planeta). A relação do presidente com os generais estava estremecida desde a exoneração de Santos Cruz. Com seu tuíte, Macron conseguiu a proeza de alinhar a Bolsonaro até mesmo o militar demitido — além dele, manifestaram-se contra o presidente francês Villas Bôas, o vice-presidente da República, Hamilton Mourão, o ministro Augusto Heleno e até o silencioso comandante do Exército, Edson Pujol.

A cultura militar apregoa que para garantir a segurança e a defesa da Amazônia, bem como seu desenvolvimento econômico, o processo de povoamento da região é fundamental. A importância estratégica da colonização do "vazio demográfico" amazônico é um dos motivos pelos quais as Forças se opõem à demarcação de reservas indígenas em área contínua — outros são o receio de que a demarcação acabe por confinar as riquezas do subsolo nacional a terras sujeitas à influência de ONGs estrangeiras e o temor de que a extensão das áreas reservadas emperre o desenvolvimento do agronegócio. Na visão dos generais, a demarcação em área contínua de reservas, algumas localizadas próximo à faixa de fronteira, sabota a estratégia de povoamento e implica um risco inadmissível: a transformação das terras indígenas, sob estímulo externo, em embriões de Estados autônomos, numa ameaça à integralidade do território nacional.

Não foi por outro motivo que Bolsonaro foi monotemático ao falar com os governadores da região amazônica convocados no auge da crise das queimadas. Na reunião, realizada no dia 27 para discutir o combate aos incêndios na região, o presidente insistiu em direcionar a conversa para a demarcação das terras indígenas. Chegou a pedir que, um por um, os governadores dissessem qual era o percentual de reservas em seus estados, com o intuito de mostrar que era descabido. No discurso, Bolsonaro mencionou o "aspecto estratégico" das reservas e disse que "uma das intenções das demarcações é inviabilizar o país no campo econômico". Com isso, ecoava outra convicção das Forças Armadas, a de que as exigências ambientais hoje impostas pelos países desenvolvidos são subterfúgios para minar a competitividade dos produtos brasileiros no comércio internacional.

No exterior, Bolsonaro virou o vilão ambiental. O jornal francês *Libération* escreveu que o presidente brasileiro era "o câncer do pulmão verde". Pouco antes, a revista britânica *The Economist* havia publicado que "o mundo tem de deixar claro para Bolsonaro que não vai tolerar seu vandalismo". E pontificava, em editorial: "As empresas de alimentos, pressionadas pelos consumidores, devem renegar a soja e a carne produzidas em terras da Amazônia ilegalmente exploradas [...]. Os parceiros comerciais do Brasil devem condicionar os acordos ao bom comportamento do país".

No final de agosto, a vf Corporation, gestora de marcas de moda como Kipling, Timberland, Vans e outras quinze, suspendeu a compra de couro brasileiro por tempo indefinido, "até que haja segurança de que os materiais usados não contribuem para o dano ambiental no país". Em seguida, a h&m, segunda maior varejista de moda do mundo — e que havia acabado de ser acusada de descumprir a promessa de pagar "salários dignos" a trabalhadores na Ásia —, resolveu aproveitar a onda e também anunciou a suspensão da compra de couro do Brasil, "devido aos graves incêndios na parte brasileira da floresta amazônica e às conexões com a produção de gado". Mais do que a paralisação da exportação de couro para as duas redes, o Ministério da Economia se preocupou com a recorrência do tema das queimadas em todas as reuniões com fundos de investimento interessados em vir para o Brasil. Logo depois da divulgação do relatório do Inpe sobre o aumento dos incêndios na Amazônia, técnicos relataram a Paulo Guedes que representantes de fundos, sobretudo europeus, pediam esclarecimentos sobre a situação da floresta. Diziam-se impedidos de investir em países que não correspondessem aos critérios de *compliance* ambiental de suas empresas. O alerta de que declarações incendiárias sobre a Amazônia poderiam prejudicar a economia chegou ao presidente. Meses antes, quando ele havia declarado sua intenção de mudar a embaixada do Brasil em Israel de Tel-Aviv para Jerusalém, avisaram-no que a iniciativa poderia irritar os países árabes e prejudicar a pauta de exportações brasileira. Bolsonaro recuou — junto com o Irã, o mercado árabe responde por cerca de 10% das exportações do setor agropecuário brasileiro. Dessa vez, porém, o silêncio presidencial durou pouco, mais precisamente até seu discurso na Assembleia Geral da onu, realizado em Nova York no mês seguinte.

Bolsonaro foi o primeiro a lembrar que desde a época em que era deputado já tinha convicções sobre a Amazônia. Em agosto, porém, se suas declarações mantiveram o mesmo conteúdo, passaram a apontar uma mudança de registro. No início do governo, o ex-capitão do Exército gostava de empregar o plural majestático. O recurso retórico em que o orador opta pelo "fizemos" no lugar de "fiz" ou "conseguimos" em vez de "consegui", por exemplo, é usado para demonstrar ou simular modéstia. Bolsonaro chegava a abusar dele, como quando, ao se referir à facada de que foi vítima, declarou: "Se não fosse [...] pela competência dos envolvidos nas minhas três cirurgias [...], não estaríamos vivos". Já no segundo semestre de governo, o presidente passou a falar dele mesmo na terceira pessoa. "Se eles [governadores] quiserem que realmente isso tudo seja atendido, eles vão ter que falar que estão trabalhando com o presidente Jair Bolsonaro", disse ao desmentir que pretendesse penalizar estados do Nordeste governados por opositores como Flávio Dino (pcdob), do Maranhão, e João Azevêdo (psb), da Paraíba.

No Brasil, Pelé, o ex-governador Paulo Maluf e Lula são algumas personalidades conhecidas pelo cacoete de falar de si na terceira pessoa — recurso que, segundo linguistas, ajuda a "engrandecer" o orador. Junto com o uso da terceira pessoa, Bolsonaro passou a repetir, em diferentes contextos e com ligeiras variações, uma mesma frase: "Quem manda sou eu". Ele já havia ensaiado uma interferência indevida na Polícia e na Receita Federal, órgãos de controle e investigação autônomos. Mas dali em diante, as palavras e as ações do presidente passariam a caminhar juntas.[48]

Bolsonaro contra a Lava Toga

Antes de ser candidato à Presidência, Jair Bolsonaro havia saído três vezes do Brasil. Sua primeira viagem ao exterior foi para a Disney, acompanhado da então mulher, Rogéria, e dos três filhos pequenos. A segunda, em 1998, teve como destino Cancún, no México, que ele visitou durante a lua de mel com Ana Cristina Valle, mãe de seu quarto filho. O ex-capitão só foi cruzar o Atlântico pela primeira vez aos 61 anos, convencido pelo pastor Everaldo Dias Pereira a ir a Israel para ser batizado no rio Jordão. Seu monolinguismo e a baixa tolerância a comidas que não lhe são familiares contribuíam para seu desconforto no estrangeiro. Tudo mudou, porém, a partir do momento em que a terra estrangeira passou a ser os Estados Unidos de Donald Trump. É o país em que Bolsonaro se sente amigo do rei e o que mais visitou na vida — sem contar a viagem à Disney, ele esteve lá uma vez como candidato e três como presidente. Essa combinação de fatores, avalia um assessor, contribuiu para que o Bolsonaro que subiu à tribuna da ONU no dia 24 de setembro em Nova York em nada lembrasse aquele que se apresentou em Davos em janeiro.

No Fórum Econômico, o presidente recém-empossado fez um discurso cordato, tímido e relâmpago. Usou não mais que um quinto do tempo que lhe fora reservado e parecia não ver a hora de desaparecer do palco. Nova York mostrou que muita coisa tinha mudado. Com 267 dias como presidente da República, Bolsonaro não estava apenas mais seguro — parecia também desafiador. No mês anterior, havia comprado briga com a Alemanha, a Noruega e a França, que o acusaram de leniência com as queimadas na Amazônia. Em Nova York, as consequências das últimas contendas ainda ecoavam. Os repasses da Alemanha e Noruega para o Fundo Amazônia permaneciam congelados; investidores europeus haviam cancelado ou desacelerado a entrada no Brasil, receosos de atropelar as cláusulas ambientais exigidas por suas empresas, e o presidente Emmanuel Macron continuava a usar as queimadas na floresta como justificativa para a ameaça de se opor à ratificação do acordo União Europeia-Mercosul assinado em junho. Assim, havia a expectativa de que Bolsonaro pudesse usar sua fala na ONU para aparar arestas.

Em vez disso, o que se ouviu foram 31 minutos de caneladas ininterruptas.

O primeiro rascunho do discurso do presidente veio do Ministério das Relações Exteriores. O texto recebeu retoques do assessor para assuntos internacionais Filipe Martins, de Eduardo Bolsonaro e do general Heleno, que foi ao Alvorada no sábado para ajudar o presidente nos últimos ajustes. Até aquele momento, segundo assessores, o discurso mantinha um estilo "conciliador". Só que Bolsonaro passou o domingo mexendo no texto. No avião, não deixou que Heleno lesse a versão final. O general só percebeu que o presidente havia mudado o tom de sua fala quando o ouviu discursando ao vivo. Da tribuna da onu, Bolsonaro disse ser uma "falácia" a afirmação de que a Amazônia é um "patrimônio da humanidade"; atacou o governo petista, a ditadura cubana, a Venezuela de Maduro; as ongs "que teimam em [...] manter nossos índios como verdadeiros homens das cavernas"; o "espírito colonialista" de certos países (uma referência à França) e todas as nações que criticam o Brasil — não estariam preocupadas "com o ser humano índio, mas, sim, com as riquezas minerais e a biodiversidade existentes nessas áreas".

Por tradição, o mandatário que discursa na abertura da Assembleia Geral da onu (também por tradição, sempre um brasileiro) costuma limitar sua fala a tópicos protocolares e globais: a defesa do multilateralismo, a exaltação das instituições, o chamado à cooperação entre os povos e uma menção à mais recente crise envolvendo refugiados. Esse roteiro tem sido cumprido mais ou menos à risca, mas Bolsonaro não foi o primeiro presidente brasileiro a acrescentar-lhe toques domésticos. Em 1985, José Sarney chamou a atenção por usar o teatro da Assembleia Geral da onu para homenagear um desconhecido poeta maranhense (e também por alugar uma limusine branca com que passeou por Nova York depois do evento).[49] Em 2014, Dilma Rousseff, em campanha para a reeleição, não viu inconveniente em despejar sobre os chefes de Estado presentes no auditório um caminhão de números destinados a provar as virtudes de seu governo. Já Bolsonaro resolveu levar ao palco da ONU os seus moinhos de vento. O perigo comunista, o Foro de São Paulo como "organização criminosa", os grupos que tentam destruir a "inocência das nossas crianças" e o cacique Raoni foram alguns dos inimigos que o presidente brasileiro apresentou à audiência perplexa.

É de autoria de um general do Planalto o neologismo que define o presidente na sua relação com auxiliares: Bolsonaro, segundo esse militar, seria "inassessorável". Embora peça opiniões a auxiliares, costume prestar atenção aos argumentos que lhe são apresentados — e muitas vezes concorde com eles —, na hora H faz o que lhe dá na veneta.

Em julho de 2018, ainda candidato, ele se reuniu com colaboradores a fim de se preparar para uma entrevista ao programa *Roda Viva*, da TV Cultura. Naquele momento, era consenso no núcleo de campanha que ele deveria evitar posturas radicais e temas controversos. O eleitorado de extrema direita já estava conquistado; o desafio era conseguir votos mais ao centro. Isso posto, o advogado Gustavo Bebianno procurou um experiente jornalista para pedir dicas de como o candidato deveria se portar no programa. Ouviu, entre outras coisas, que seria recomendável que ele chamasse os entrevistadores pelo nome, chegasse descansado e tivesse respostas prontas para perguntas clássicas, como o nome de seu livro de cabeceira. Diante do comentário de Bebianno de que Bolsonaro não tinha o hábito de ler, o jornalista sugeriu que o candidato citasse uma biografia — recomendava a de Churchill, a grande referência política do século xx.

Na reunião em que colaboradores prepararam o candidato para a entrevista, Bebianno disse: "Também vão perguntar ao senhor qual é o seu livro de cabeceira. Diz que é uma biografia do Churchill".

"Quem?"

"Winston Churchill, o primeiro-ministro britânico."

"Esse nome eu não vou lembrar."

"Então diz que é a Bíblia."

"Beleza."

Quando, no último bloco do programa, veio a pergunta sobre o livro preferido, Bolsonaro hesitou apenas um segundo antes de responder que era *A verdade sufocada*, de autoria do torturador Carlos Alberto Brilhante Ustra. Na plateia, assessores do candidato entreolharam-se num silêncio resignado.

A citação do nome de Sergio Moro no discurso da onu foi outro "caco" surgido da caneta do presidente. "Graças ao patriotismo, perseverança e coragem" do ex-juiz da Lava Jato, ele afirmou, os "presidentes socialistas" que o antecederam e que "desviaram centenas de bilhões de dólares" haviam sido julgados e punidos nos tribunais. O titular da Justiça já fora mencionado no discurso de Davos, junto com os ministros Paulo Guedes e Ernesto Araújo. Dessa vez, porém, Moro foi o único a ser citado. Havia um bom motivo para isso.

Em seus quase trinta anos como parlamentar, Bolsonaro nunca atuou em nenhuma CPI da Câmara que investigasse casos de corrupção. Mas também jamais foi acusado por esse crime nem teve o nome citado em escândalos — o que chegou a lhe valer um elogio do ex-ministro Joaquim Barbosa.

Em 2012, o ministro do STF Joaquim Barbosa estava para o mensalão assim como o ex-juiz Sergio Moro já esteve para a Lava Jato. O desvio de dinheiro público por membros do PT com o intuito de subornar deputados da base aliada em troca de votos favoráveis ao governo foi revelado em 2005 e julgado no STF sete anos depois. Ao longo desse período, Barbosa, relator do processo, tornou-se o símbolo nacional do combate à corrupção — era aplaudido nos aeroportos e disputado por partidos políticos que o queriam como candidato a presidente. Nunca antes no Brasil um magistrado tinha alcançado tamanha popularidade. No dia 16 de agosto de 2012, durante o julgamento do maior escândalo de corrupção do país, Joaquim Barbosa deu a Bolsonaro um presentão. Na leitura de seu voto, televisionado e acompanhado por todo o Brasil, ele falou sobre os deputados que haviam recebido dinheiro do mensalão para aprovar propostas do governo. Citando como exemplo o projeto da Lei de Falências, disse que líderes dos quatro partidos [PTB, PP, PL e PMDB] que haviam aceitado dinheiro ilegal do PT orientaram suas bancadas a votar com o Executivo. Nesse ponto, emendou: "Somente o senhor Jair Bolsonaro, do PTB, votou contra a aprovação da referida lei. Todos os demais (dos quatro partidos citados) votaram no sentido orientado pelo líder do governo e do Partido dos Trabalhadores na Câmara dos Deputados".

A frase, vinda de quem vinha e no contexto em que foi dita, teve a força de um atestado de honestidade. Em 2018, já candidato à Presidência, o ex-capitão também usou a seu favor o fato, endossado pelo TSE, de nunca ter recebido dinheiro de empresas em suas campanhas. Em 2014, quando estava no PP, chegou a devolver ao partido um cheque de 200 mil reais ao ser informado de que provinha de uma doação da JBS — àquela altura, a empresa dos irmãos Batista ainda não estava na mira de acusações de corrupção, só reveladas em 2017. No dia seguinte à devolução do cheque, Bolsonaro recebeu o mesmo valor do PP, só que carimbado como repasse do partido.[50] A quantia foi para sua campanha do mesmo jeito, mas o cuidado do ex-capitão o livrou de figurar nas listas que mais tarde fulminariam a carreira de colegas.

Por mais de uma vez, durante a campanha, colaboradores presenciaram Bolsonaro recusar ofertas de dinheiro de empresários — nem sempre com bons modos. O general Aléssio Ribeiro Souto foi um dos primeiros participantes do núcleo militar que Augusto Heleno montou em 2017 com a finalidade de elaborar um projeto de governo para o candidato. Ele lembra que, a todos que o procuravam no bunker improvisado do início da campanha (a sala do apartamento do general Oswaldo Ferreira, hoje presidente da estatal Empresa Brasileira de Serviços Hospitalares), Bolsonaro respondia: "O senhor faça a doação que quiser. É só ir na internet e botar lá CPF, RG e endereço". Dizia isso e virava as costas. Lembra o general: "Muitas vezes víamos que a pessoa chegava de boa vontade. Mas Bolsonaro não queria conversa".

Gustavo Bebianno diz que Bolsonaro se preocupava com o destino do dinheiro que chegava pela vaquinha virtual. "Ele dizia: 'Esse dinheiro não pode ser usado para coisas supérfluas, que não sejam absolutamente necessárias, porque há pessoas que estão doando com sacrifício'", recorda o hoje desafeto do presidente. "O Bolsonaro tinha esse nível de consciência e isso me causava muita admiração. Eu pensava: 'Puxa, é disso que o Brasil precisa. O Brasil não precisa de um economista. Precisa de alguém que tenha princípios morais e vontade de fazer diferente'." Segundo declarou ao Tribunal Superior Eleitoral, Bolsonaro terminou a campanha com 3 728 964 reais recebidos por financiamento coletivo; gastou pouco mais de 1,5 milhão de reais e entrou com pedido junto ao TSE para doar as sobras à Santa Casa de Juiz de Fora, que o atendeu depois da facada (o TSE não reconheceu a consulta e o dinheiro acabou indo para o caixa do PSL). Entre as campanhas presidenciais vitoriosas, a de Bolsonaro foi a mais barata da história do país.

Em dezembro de 2018, logo após a eleição do ex-capitão, o Datafolha fez um levantamento das expectativas dos brasileiros em relação ao combate à corrupção no Brasil. O resultado espelhou o otimismo do momento — 58% dos brasileiros achavam que ela iria diminuir no novo governo.

Mas então veio o caso Queiroz.

O escândalo foi revelado no dia 6 de dezembro pelo jornal *O Estado de S. Paulo*. Dois meses antes, porém, os Bolsonaro já haviam sido avisados da iminência de o caso vir à tona. Logo depois do primeiro turno das eleições, no dia 7 de outubro, um membro da Polícia Federal do Rio envolvido na Operação Furna da Onça fez chegar ao clã a informação de que um relatório do Coaf ligava o gabinete de Flávio Bolsonaro — e o de outros vinte parlamentares da Assembleia Legislativa do Rio (Alerj) — à prática da "rachadinha", a manobra largamente disseminada no Brasil pela qual políticos se apropriam de parte do salário dos funcionários que contratam. De acordo com o Coaf, nove pessoas, funcionários e ex-funcionários do gabinete de Flávio Bolsonaro na Alerj, transferiram regularmente dinheiro para a conta de Fabrício Queiroz em datas que coincidem com os dias de pagamento. Logo em seguida o titular da conta sacava os valores em espécie. O nome de Queiroz era um entre os 75 funcionários da Alerj listados no relatório de 442 páginas do Coaf, uma peça do inquérito que embasou a Operação Furna da Onça — a qual, por sua vez, resultou de investigações sobre um esquema de corrupção na Alerj chefiado pelo grupo do ex-governador Sérgio Cabral.

Por meio desse policial amigo, os Bolsonaro também ficaram sabendo que o relatório do Coaf já estava sob investigação do Ministério Público Estadual do Rio, e que era milionária a movimentação suspeita identificada na conta-corrente de Queiroz. O valor da movimentação que foi transmitido à família na época era quase sete vezes maior do que o publicado na reportagem do *Estado de S. Paulo* — 1,2 milhão de reais no período de um ano. Até aquele momento, não havia chegado ao conhecimento do clã a informação de que existiam comprovantes de depósitos de 24 mil reais de Queiroz na conta de Michelle.

197

Embora Queiroz tenha sido apresentado inicialmente como motorista e depois assessor de Flávio, no entorno carioca do presidente não era segredo que o ex-policial militar era homem de confiança do ex-capitão. Quando tinha dezoito anos, Queiroz prestou serviço militar na Brigada de Infantaria Paraquedista, onde conheceu Bolsonaro. Desde então se tornou seu companheiro de churrascos, pesca e arquibancada (Queiroz é vascaíno). O ex--pm participou de quase todas as campanhas eleitorais de Bolsonaro — como assessor informal, cabo eleitoral e segurança. Quando o primogênito se candidatou a deputado pela primeira vez, em 2002, aos 21 anos de idade, foi Queiroz quem, a pedido de Bolsonaro, buscou votos com o estreante em quartéis militares e outros ambientes frequentados por policiais e ex-policiais.

Flávio exonerou Queiroz no dia 16 de outubro, tão logo foi informado da iminência do escândalo. A notícia de que o assessor do filho mais velho de Bolsonaro fora desligado por estar sob investigação circulou entre colaboradores de campanha, mas os detalhes permaneceram restritos ao núcleo familiar. Quando a reportagem do *Estado de S. Paulo* veio a público e soube-se que havia um cheque na conta da primeira-dama — uma informação que ameaçava colocar o provável futuro presidente na investigação —, Bolsonaro pediu a um amigo que procurasse a ajuda de advogados. A partir daí, dois grandes escritórios, um de São Paulo e outro do Rio, passaram a trabalhar numa estratégia para circunscrever o escândalo ao nome de Queiroz.

Além do advogado designado para atender o ex-pm,

os escritórios reservaram dois outros defensores para cuidar de Flávio e, se preciso, de Bolsonaro. Queiroz, de início assustado, recebeu "colo, carinho e tratamento à base de mamadeira com Nescau", nas palavras de um dos advogados envolvidos na operação. Até onde foi informado, diz o advogado, a "mamadeira" incluía unicamente promessas de "não abandono". Para bem impressionar o assessor, amigos da família Bolsonaro o levaram para conhecer o escritório de advocacia do Rio que iria orientar sua defesa. Naquela época, Queiroz ainda não havia sido diagnosticado com o câncer de intestino que o fez passar por uma cirurgia no dia 1º de janeiro de 2019.

O depoimento do ex-militar ao MP estava marcado para o dia 19 de dezembro, uma quarta-feira. Ficou acertado com Bolsonaro que o assessor de Flávio compareceria ao interrogatório e, por orientação da defesa, diria não poder falar até que seu advogado tivesse acesso aos autos. O depoente gostaria, porém, de adiantar que tudo o que ocorreu era de inteira responsabilidade sua — nenhum Bolsonaro tinha nada a ver com aquilo. Com a tática, os advogados pretendiam fazer o caso "esfriar" sem que Queiroz ficasse com fama de fujão. Ao mesmo tempo, protegeriam a imagem de Flávio e do presidente recém-eleito com a única declaração que o assessor daria na ocasião. Os advogados tinham a convicção de que conseguiriam "matar o caso na origem". Para tanto, contavam com uma irregularidade formal que haviam identificado na investigação do Ministério Público do Rio: "Para terem chegado àquele ponto, os membros do MP precisariam de autorização judicial, que não tinham", disse um dos advogados.

Dois dias antes da data estabelecida para o depoimento, Bolsonaro mandou abortar a operação — Queiroz não deveria mais comparecer ao interrogatório. O presidente eleito fora convencido por um advogado amigo que a melhor estratégia para abafar a história era tirar Queiroz e o Ministério Público Estadual do cenário e, por meio do foro privilegiado de Flávio, jogar o caso para o STF — onde poderiam resolvê-lo "de outra maneira". O nome do advogado amigo era Frederick Wassef.

Wassef conheceu Bolsonaro quando o deputado ainda era um azarão na campanha presidencial. Com 1,90 metro de altura, ele é fã de armas e tem uma coleção delas em casa. Quando oferece jantares, gosta de irromper na sala portando uma em cada mão para impressionar os convidados. Nos anos 1990, frequentou uma seita espírita argentina chamada Lineamento Universal Superior, conhecida como LUS, cujos integrantes diziam fazer contato com extraterrestres. Afastou-se do grupo depois de ser chamado a depor sobre a suspeita de que líderes da seita estariam envolvidos no assassinato de crianças para rituais de magia negra. Wassef se gaba de ter sido uma das primeiras pessoas a acreditar na vitória de Bolsonaro, que ele atribui a um "milagre". "Passei anos sendo alvo de chacota dos meus pares, mas sempre soube que ele seria presidente", diz.

O advogado logo se desentendeu com os colegas que vinham aconselhando Bolsonaro. Os escritórios do Rio e São Paulo sustentavam que a investigação deveria se limitar a Queiroz e não sair do Rio. Na opinião desses defensores, a transferência do caso do Ministério Público Estadual para

200

o STF, ideia de Wassef, não só poria Flávio Bolsonaro no centro do escândalo como aumentaria o risco de contaminação do presidente. Wassef venceu a discussão. Em janeiro, chegou a conseguir uma liminar do ministro Luiz Fux para suspender a investigação no MPE do Rio com base no argumento do foro privilegiado do senador Flavio Bolsonaro. Na volta das atividades do tribunal, porém, o ministro Marco Aurélio Mello derrubou a decisão e devolveu o caso à Justiça fluminense.

Foi na segunda investida junto ao STF que Wassef conseguiu sua grande vitória — e ela veio pelas mãos do presidente do tribunal, Dias Toffoli. Toffoli é relator de um recurso que tramita na Corte desde 2017 e que questiona o uso de informações fiscais sem autorização judicial. Aproveitando-se dessa ação, a defesa de Flávio pediu a suspensão, até o julgamento do mérito, de todas as investigações criminais que, sem autorização prévia da Justiça, usaram dados colhidos por órgãos de controle como o Coaf.

No dia 15 de julho, Toffoli atendeu ao pedido de Wassef e concedeu a liminar. A decisão do presidente do STF foi comemorada com emoção e euforia pelo clã Bolsonaro. O repórter Bruno Abbud, da revista *Época*, estava na antessala do escritório de Wassef em São Paulo naquela segunda-feira quando o ouviu exclamar ao telefone: "A decisão... Amor... O meu nome... Tá o Brasil inteiro me ligando e me chamando de Deus! Você não tem noção! É uma bomba atômica! Amor, está comigo, te mando agora. O Flávio, o presidente, tudo infartado, chorando..."

Pai e filho sabiam que a decisão de Toffoli significava a primeira pá de cal para enterrar o inquérito que assombrou os primeiros meses do governo Bolsonaro — e forçou os recuos e as alianças que terminariam por moldá-lo.

Toffoli e Bolsonaro se encontraram pela primeira vez em 2001 numa viagem de cinco dias à Amazônia para conhecer o Sivam — Sistema de Vigilância da Amazônia. Bolsonaro era um dos deputados federais chamados para compor a comitiva e Toffoli, também convidado, trabalhava como assessor da Prefeitura de São Paulo, na gestão da então petista Marta Suplicy. Depois da eleição de Bolsonaro e da eclosão do caso Queiroz, os dois se aproximaram por meio de Karina Kufa, amiga de Toffoli e advogada do PSL. Desde então, Toffoli se transformou no mais improvável novo amigo de infância do ex-capitão. De janeiro até setembro, o ex-advogado do PT, ex-defensor de José Dirceu e agora presidente do Supremo Tribunal Federal se reuniu pelo menos sete vezes com o presidente da República (quem conhece Bolsonaro afirma que outro indicativo de sua intimidade com interlocutores é o número de palavrões que troca com eles — no caso de Toffoli, o fluxo atinge o grau dez e começa antes mesmo de assessores deixarem a sala). Toffoli diz ter com Bolsonaro "uma relação especial".[51]

Duas semanas depois que o presidente do STF concedeu a liminar que favoreceu o senador, o ministro Sergio Moro procurou o magistrado e lhe apontou o tamanho do prejuízo causado pela decisão — centenas de investigações, ligadas sobretudo a crimes de sonegação e lavagem de dinheiro, teriam de ser suspensas em todo o país —, pedindo--lhe que considerasse uma revisão.

202

A notícia do encontro entre Moro e Toffoli chegou imediatamente aos ouvidos de Bolsonaro. Já havia algum tempo que o presidente andava irritado com o que considerava falta de empenho do ex-juiz em sepultar o caso Queiroz. Para o presidente, uma "ajuda" de Moro nesse sentido não configurava um ato indevido ou ilegal, mas uma esperada mostra de "lealdade" a ele e seu governo. "Ele está no time ou não está?", perguntava a auxiliares que defendiam o ministro. Quando soube que Moro havia procurado Toffoli para objetar contra uma decisão que tinha o potencial de livrá-lo da maior encrenca de seu governo, o presidente não se conteve.

Bolsonaro chamou o ministro ao Alvorada e teve com ele uma conversa ríspida. Disse que nunca havia lhe pedido nada e que o ministro, por seu lado, jamais havia se oferecido para ajudá-lo, mas que naquele momento ele seria claro: "Se o senhor não pode ajudar, por favor, não atrapalhe!".[52] Nos dias seguintes, Bolsonaro passou a desautorizar Moro pública e nominalmente. No dia 16 de agosto, diante de uma aparente discordância entre o presidente e o ministro em torno do nome do delegado que iria ocupar a superintendência da Polícia Federal no Rio, Bolsonaro declarou a jornalistas: "Se ele [Moro] resolveu mudar, vai ter que falar comigo. Quem manda sou eu, [vou] deixar bem claro". Sua fala foi mal recebida dentro e fora da PF. Nem os presidentes da República que foram investigados pela corporação — Lula, Dilma e Temer — ousaram interferir na escolha dos superintendentes da PF. Essa atribuição cabe ao diretor-geral do órgão, subordinado ao ministro da Justiça. Uma semana mais tarde, o presidente voltou a jogar sal nas feridas de Moro. Em tom de desafio, disse que, já que não podia trocar um superintendente da PF, iria demitir o diretor-geral. "Se eu trocar hoje, qual o problema? Está na lei [que] eu que indico, e não o Sergio Moro. E ponto-final."

Àquela altura, o ex-juiz da Lava Jato já havia percorrido um longo corredor polonês de humilhações, mas nunca chegou a pedir demissão. Diante das declarações do presidente, porém, o general Augusto Heleno achou por bem procurar o colega para pedir-lhe paciência. "O compromisso do senhor não é com o governo Bolsonaro, é com o Brasil", disse o militar a Moro.

Na última semana de agosto, a despeito dos conselhos de auxiliares, Bolsonaro decidiu que iria mesmo demitir Moro. "Vou pagar para ver", disse. O general Heleno, que já tinha gastado seu arsenal de argumentos em defesa do ministro, ao notar a determinação do presidente, descarregou a última bala: "Se demitir o Moro, o seu governo acaba", disse. Heleno sabia que naquele momento os apoiadores do governo estavam cindidos entre "bolsonaristas", defensores incondicionais do presidente, e "lavajatistas", como passou a ser chamado o segmento que votou em Bolsonaro levado sobretudo pela promessa de combate à corrupção. Demitir Moro significaria perder os lavajatistas. Ocorre que a essa turma pertence também a maioria dos militares — da reserva e da ativa. Dificilmente se encontrará nos comandos do Exército ou nas mesas do Clube Militar um general que não seja fervoroso defensor do ex-juiz da Lava Jato.

Na parada de Sete de Setembro, Bolsonaro desceu do camarote reservado às autoridades e convidou Moro a fazer o mesmo. Diante dos chefes das três Forças e sob aplausos da plateia, desfilou pela Esplanada dos Ministérios abraçado ao ex-juiz. Duas semanas mais tarde, Bolsonaro encaixou um elogio ao ministro em seu discurso na ONU. O presidente havia entendido a mensagem de Heleno.

"Vamos combater a corrupção? Não! Vamos combater primeiro os comunistas, seus idiotas." A frase, de Olavo de Carvalho, foi gravada num vídeo em que o professor de filosofia on-line se esmerou em contorcionismos retóricos para explicar por que seus seguidores deveriam ser contra a criação da CPI da Lava Toga. Era a terceira vez que um grupo de senadores tentava instaurar a comissão parlamentar que visava "passar a limpo" o Poder Judiciário, à semelhança do que fez a Lava Jato no Executivo e no Legislativo. A CPI já havia sido engavetada duas vezes pelo presidente do Senado, Davi Alcolumbre, apesar de ter o apoio necessário na Casa. A última rejeição fora em março. Na ocasião Alcolumbre alegou que não era o "momento oportuno" para abrir uma investigação sobre o Judiciário. "Não vai fazer bem ao Brasil", justificou. Dessa vez, a turma que queria mandar a CPI da Lava Toga para as calendas tinha conquistado aliados de peso: os Bolsonaro e os bolsonaristas, incluindo seu guru.

Como todo requerimento de abertura de CPI, o documento assinado pelo senador Alessandro Vieira pedindo a instalação da Lava Toga tinha de apresentar um motivo objetivo. Dessa vez, o motivo era o presidente do STF. "Dias Toffoli, como se passará a explanar, agiu de maneira abso-

205

lutamente incompatível com o decoro e a responsabilidade de seu cargo, protagonizando verdadeiros desmandos que atingiram diversos cidadãos, os veículos de imprensa e a sociedade como um todo", dizia o documento. O senador Vieira se referia ao fato de Toffoli ter criado, em março, no STF, o controverso "inquérito das fake news". Toffoli determinou a abertura do procedimento num momento em que o STF — e, por outros motivos, ele próprio — estava sob forte pressão da opinião pública. O Supremo se preparava para definir se o crime de caixa 2 continuaria sendo julgado pela Justiça comum, como queriam os coordenadores da Lava Jato, ou se iria para a Justiça Eleitoral, onde, segundo os procuradores, correria o risco de prescrever, dada a precária estrutura do tribunal para tocar processos penais (ao final, o crime passou para a esfera da Justiça Eleitoral por seis votos a cinco, sendo de Toffoli o voto decisivo). O presidente do STF, por sua vez, amargava uma situação desconfortável desde que, em fevereiro, o jornal *O Estado de S. Paulo* publicou que sua mulher, a advogada Roberta Rangel, estava sendo "preliminarmente" investigada pela Receita Federal junto com outra centena de agentes públicos. Um pouco antes, a revista *Veja* havia revelado que a Receita investigava supostos "focos de corrupção, lavagem de dinheiro, ocultação de patrimônio ou tráfico de influência" também por parte do ministro Gilmar Mendes e sua mulher, Guiomar Mendes.

Foi nesse cenário — e com o alegado objetivo de apurar a disseminação de notícias falsas, acusações caluniosas e ameaças contra ministros da Corte — que Toffoli abriu o inquérito das fake news. O modo como isso ocorreu, no entanto, despertou a reação de juristas e procuradores. Segundo eles, a investigação colidia com preceitos legais fundamentais, a começar por aquele segundo o qual o órgão que julga não pode ser o mesmo que investiga. Ao contrário de um inquérito normal, aberto a pedido do Ministério Público e conduzido pela polícia, o das fake news foi criado, segue comandado (sem acompanhamento do Ministério Público) e será julgado pelo próprio Supremo. Toffoli ainda designou o ministro Alexandre de Moraes para relatar a investigação — não ouviu os colegas de plenário nem fez sorteio, como manda a praxe.

Na mira do inquérito das fake news, que corre em sigilo de Justiça, estão supostos financiadores de ataques ao Supremo nas redes sociais, além de procuradores, policiais federais da Lava Jato e funcionários da Receita que teriam acessado sistemas confidenciais de armazenamento de dados. A suspeita de que a criação do inquérito também tinha por objetivo intimidar críticos do STF, e em especial de seu presidente, ganhou força em abril. No dia 15 daquele mês, a revista digital *Crusoé* e o site O Antagonista reproduziram um antigo e-mail em que o empreiteiro Marcelo Odebrecht se referia a Toffoli, então chefe da Advocacia-Geral da União no governo Lula, como "amigo do amigo de meu pai". Como o próprio Marcelo Odebrecht havia revelado à Lava Jato, o "amigo" de seu pai era o ex-presidente Lula. Toffoli seria, portanto, o "amigo de Lula". A reportagem não fazia nenhuma acusação ao presidente do STF — limitava-se a revelar o apelido pelo qual o identificava Marcelo Odebrecht. Ainda assim, Toffoli se sentiu ofendido e determinou a Alexandre de Moraes que tomasse providências.

Moraes, depois de decretar que a reportagem era um "típico exemplo de fake news", intimou seus autores a depor, determinou a retirada dos textos do ar e impôs a cobrança de uma multa de 100 mil reais por dia de ordem descumprida. Três dias depois, diante dos protestos generalizados, incluindo os de ministros da Corte, Moraes recuou da decisão e revogou a censura aos veículos.

A abertura do inquérito das fake news por Toffoli, seus desdobramentos, motivações e ilegalidades apontadas, seriam o ponto de partida da CPI da Lava Toga. Quando, no dia 14 de março, o senador Vieira conseguiu as 27 assinaturas exigidas pelo regimento para pedir a abertura da comissão, o nome de Flávio Bolsonaro foi a ausência mais notada da lista. O filho do presidente foi o único dos quatro senadores do PSL que se negou a assinar a petição. Em setembro, quando houve a tentativa de ressuscitar a Lava Toga, o senador Bolsonaro trabalhou à luz do dia para enterrá-la.[53] Enquanto Flávio telefonava a senadores para pedir que retirassem a assinatura de apoio à CPI, o Major Olimpio, líder do PSL no Senado, ia às redes sociais pedir que a população pressionasse os senadores a apoiá-la. No confronto, o partido do presidente perdeu um integrante. A senadora juíza Selma Arruda deixou o PSL e migrou para o Podemos. O estopim, ela declarou, foi a pressão de Flávio Bolsonaro para que a senadora não apoiasse a Lava Toga. "Chega de clãs mandando neste país", ela discursou ao deixar o partido.

Mas a CPI da Lava Toga não rachou apenas a base do

governo no Congresso. Nas redes sociais, a militância bolsonarista se dividiu ao meio. O youtuber Nando Moura, expoente da direita com 3,3 milhões de seguidores, lembrou que a palavra de ordem na campanha de Bolsonaro era "bater de frente com [sic] o establishment — e não fazer jogo com o establishment para governar". Moura disse que não iria fazer "ginástica mental para engolir determinadas coisas". Já os bolsonaristas diziam que a CPI poderia pôr em risco a governabilidade e a relação entre o Executivo e o Judiciário. Em linha com o vídeo de Carvalho, afirmavam que mais importante que apoiar a investigação era "apoiar Bolsonaro".

Jair Bolsonaro nunca disse uma palavra contra ou a favor da Lava Toga. Mas seus filhos escancararam a posição do pai. Além de Flávio, também Carlos e Eduardo se empenharam em abafar a Lava Toga em postagens nas redes sociais.[54] A ação concertada entre os Bolsonaro e Olavo de Carvalho para derrubar a CPI que mirava Toffoli amplificou os rumores da existência de um acordo entre o presidente do Supremo e o presidente da República — o primeiro livraria de investigação o filho do segundo, que por sua vez retribuiria o gesto ajudando a enterrar a Lava Toga. Em entrevistas, Toffoli negou a existência do acordo.[55]

No julgamento definitivo da liminar de Toffoli que suspendeu as investigações sobre Flávio Bolsonaro, ocorrido em dezembro, o presidente do STF foi derrotado. Por nove votos a dois, o plenário decidiu que eram legais as investigações feitas com base em dados repassados por órgãos de controle como o Coaf. O caso Queiroz, portanto, ainda não estava sepultado, como desejava Bolsonaro. Mas uma parte do seu governo já havia morrido com ele.

Traições

É por estratégia ou falta de preparo que Bolsonaro dá declarações estapafúrdias e se mete em situações que parecem prejudiciais ao governo? A pergunta ecoou ao longo de todo o primeiro ano do mandato do ex-capitão. Em maio, no auge de uma crise com o Congresso, o presidente da República compartilhou em suas redes sociais um texto afirmando que o país era "ingovernável" sem conchavos políticos. Em agosto, disse que, para o Brasil aliar desenvolvimento e preservação ambiental, bastava "fazer cocô dia sim, dia não". Em novembro, divulgou que o ator Leonardo DiCaprio estaria colaborando com as queimadas da Amazônia ao doar dinheiro para ONGs que incendiavam a mata.

Sagacidade ou estultice? Sempre que confrontados com a pergunta, assessores palacianos costumam recorrer à mesma saída: "Bolsonaro é muito intuitivo". Boa parte desse faro, no entanto, passa ao largo da intuição: provém dos monitoramentos da internet que todas as manhãs a "turminha que controla as redes sociais", como a chamou o general Maynard Santa Rosa, repassa ao presidente. Santa Rosa pediu para sair da chefia da Secretaria de Assuntos Estratégicos do governo em novembro. Alegou, entre outros motivos, a falta de acesso a Bolsonaro: "[Ele] se cercou de um grupo de garotos que têm entre 25 e 32 anos [e] que fazem uma espécie de cordão magnético em torno [dele]",[56] disse o militar de quatro estrelas.

A "turminha das redes sociais", também conhecida como "gabinete do ódio" pelo empenho em disseminar podres e calúnias contra adversários, ganhou poder na mesma proporção em que os generais do Planalto o perderam na balança do chefe do Executivo. Likes, compartilhamentos e adesões na internet são a bússola de Bolsonaro.

De janeiro a novembro de 2019, a base de seguidores do presidente — somando Twitter, Facebook, Instagram e You-Tube — cresceu 40%, segundo levantamento da Bites, consultoria de análise estratégica de dados digitais. O número inclui as superposições de usuários — se um mesmo indivíduo segue Bolsonaro nas quatro redes, são contabilizados quatro perfis — e despreza a eventual presença de robôs — a empresa sustenta não haver na rede movimentos 100% artificiais, e os robôs apenas ajudam a impulsionar inclinações já existentes; não chegam, portanto, a impactar de forma relevante o número de seguidores da base de Bolsonaro, nem a alterar a repercussão medida em suas quatro redes.

O crescimento da base de seguidores do presidente é um fenômeno previsível, pelo menos em parte. O prestígio do cargo, a exposição diária na imprensa e a intensa atuação na internet provocam uma multiplicação contínua de pessoas interessadas em acompanhar o que faz o ex-capitão, independentemente de se gostar ou não dele. Ao longo do ano, porém, ele teve "picos" de adesão nas redes — saltos que escapam da curva de aumento natural. "Cada um desses picos", explica André Eler, gerente de relações governamentais da Bites, "significa que Bolsonaro conseguiu fazer uma mensagem transbordar do seu círculo de apoiadores para atingir novos grupos."

Pela análise dos picos de adesão registrados nas redes do presidente em 2019, as ocasiões em que o ex-capitão obteve mais seguidores ocorreram quando ele atacou a imprensa — o que explica por que suas críticas aos veículos de comunicação foram se tornando mais frequentes e agressivas. Em novembro, ele excluiu a *Folha de S.Paulo* de uma licitação da Presidência — desistiu da medida oito dias depois — e sugeriu que os anunciantes do jornal poderiam sofrer retaliações do governo. Um mês antes, havia ameaçado cassar a concessão da TV Globo em represália à reportagem sobre o depoimento do porteiro de seu condomínio — o funcionário havia dito à polícia que um dos suspeitos pelo assassinato da vereadora Marielle Franco entrara no local horas antes do crime, anunciando uma visita a Bolsonaro. (Mais tarde o porteiro voltou atrás e disse que se equivocara em seu depoimento.)

Se os ataques à imprensa foram o principal fator a impulsionar o número de seguidores de Bolsonaro, as críticas ao PT ou as alusões positivas a Sergio Moro também cumpriram seu papel, bem como os anúncios de medidas governamentais com impacto direto no cotidiano da população (o fim do horário de verão, por exemplo). A lista da Bites desconsiderou saltos motivados por episódios isolados ou de significado restrito, como a posse presidencial e o vídeo da "golden shower" postado no Twitter em março, com o qual o presidente disse que pretendia ilustrar os excessos do Carnaval — o filme exibia um homem que, dançando, introduzia um dedo no ânus e em seguida demonstrava prazer ao ter os cabelos molhados por outro folião que urinava sobre sua cabeça. Foram observados onze picos de conquista de seguidores do presidente em 2019. Em sua análise, a Bites cruzou a variação do número de perfis com o escrutínio das nuvens de palavras associadas nas datas examinadas.

1. "Mentiras da mídia": No dia 27 de março, Bolsonaro reclamou no Facebook que estava sofrendo "bombardeios diários de fake news". A notícia divulgada pela jornalista Eliane Cantanhêde de que ele iria demitir o ministro da Educação Ricardo Vélez Rodríguez seria um exemplo dessas mentiras. (Menos de duas semanas depois, porém, o que era mentira passou a ser verdade.) Dois dias antes, um post do presidente se queixando da imprensa já lhe havia rendido 230 mil apoios só no Facebook; naquele mesmo dia, Bolsonaro incentivou que os quartéis comemorassem a "Revolução de 31 de março" e atacou *O Globo* ao tornar público, como já fizera durante a campanha, um editorial de 1984 em apoio à ditadura militar, assinado por Roberto Marinho. Com isso, matou dois coelhos: agradou tanto a base antipetista simpática ao retorno às casernas como os apoiadores que veem na imprensa uma instituição não confiável, hipó-

crita ou inimiga do governo. Só naquele dia o presidente angariou 43 933 seguidores.

2. Extinção do horário de verão: No dia 5 de abril, Bolsonaro conquistou 37 500 novos inscritos ao anunciar o fim do horário de verão, uma promessa de campanha.

3. Cortes na educação: Em 17 de maio, em meio às críticas pelo contingenciamento de verbas na Educação, Bolsonaro postou um vídeo que lhe rendeu 42 625 novos seguidores. Nele, o então senador Ronaldo Caiado dizia numa comissão parlamentar que a presidente Dilma Rousseff havia cortado um volume ainda maior de verbas para o setor em seu governo. Na véspera, Bolsonaro havia publicado trechos de uma entrevista coletiva em que corrigia uma repórter da *Folha de S.Paulo* quanto à diferença entre cortes e contingenciamento — que ela identificava como sendo a mesma coisa. Novamente o presidente expandiu sua base de seguidores ao espicaçar, numa mesma ocasião, o PT e a imprensa.

4. Manifestações: No dia 24 de maio, o propulsor de adesões (42 058) foi a movimentação em torno dos atos de apoio ao governo, marcados para o dia 26.

5. Diminuição de impostos para celular: Em 16 de junho, Bolsonaro acenou com a possibilidade de baixar os impostos para a importação de celulares — o que nunca ocorreu. Mais uma vez choveram likes nas redes. O "presidente das pequenas coisas" agregou 44 266 inscritos ao se dirigir ao "eleitor das pequenas coisas", a parcela da sociedade menos preocupada com conceitos como democracia, liberdade de expressão e políticas identitárias, e mais afeita à suspensão dos radares eletrônicos — o cancelamento do uso desses equipamentos nas estradas federais, em 15 de agosto,

só não provocou novo pico de adesão porque Bolsonaro não postou nada sobre o assunto.

6. Manifestações pró-Moro: No dia 1º de julho, Bolsonaro ganhou 45527 seguidores. Fizeram sucesso os desenhos que o retratavam em estilo mangá durante uma viagem ao Japão, mas o fator decisivo foram as manifestações em apoio a Moro e à Lava Jato ocorridas em todo o Brasil no dia anterior.

7. Moro, de novo: No dia 7 de julho, Bolsonaro teve um recorde de interações nas redes ao postar fotos no Maracanã ao lado do ministro Sergio Moro e da Seleção Brasileira, que venceu a Copa América ao derrotar o Peru. As imagens o ajudaram a conquistar 64562 novos seguidores.

8. Amazônia: Em 19 de julho, Bolsonaro comentou num vídeo a coletiva à imprensa estrangeira sobre "a falsa defesa da Amazônia por parte de outros países". Em outro post, escreveu: "No passado chefes de Estado do Brasil faziam campanha negativa contra seu próprio país. Mentiam sobre número de crianças abandonadas, fome, desmatamento etc. Isso está mudando". Os posts lhe renderam 49543 novas adesões.

9. Sequestro na ponte Rio-Niterói: Em 20 de agosto, Bolsonaro cumprimentou os policiais responsáveis pela morte de um homem que tentou sequestrar um ônibus na ponte carioca. "Criminoso neutralizado e nenhum refém ferido. Hoje não chora a família de um inocente", ele escreveu. No Instagram, acrescentou ao texto a imagem de um policial com o fuzil erguido. Foram mais 52719 inscritos.

10. "Canalhas!": Mais uma vez um ataque contundente a um veículo de comunicação impulsionou de forma extraordinária o número de seguidores do ex-capitão. No dia 29 de

outubro, a Globo exibiu a reportagem sobre o depoimento do porteiro do condomínio de Bolsonaro. O presidente, na ocasião em viagem ao Oriente Médio, gravou de madrugada um vídeo no qual chamou a TV Globo de "canalha" e "patife". "Vocês, TV Globo, o tempo inteiro infernizam a minha vida, porra!", dizia na gravação. A postagem do vídeo lhe rendeu 78 752 seguidores em 24 horas, recorde do ano.

11. Lula livre: Em 9 de novembro, um dia depois de o ex-presidente ser solto pela decisão do STF de recuar da prisão após condenação em segunda instância, Bolsonaro postou um texto que concluía assim: "Não dê munição ao canalha, que momentaneamente está livre, mas carregado de culpa". A frase lhe valeu 50 438 adesões. Ataques à imprensa, à esquerda e a Lula são sucesso garantido para o ex-capitão.

No Palácio do Planalto, o chefe da "turminha das redes" é Filipe Martins, de 31 anos, assessor de Bolsonaro para assuntos internacionais. Olavista desde os dezessete, Martins é o discípulo que superou o mestre. O ex-arauto da alt-right brasileira acabou desistindo de fustigar integrantes do governo em suas redes sociais como havia feito no primeiro semestre do ano com generais palacianos e o vice-presidente Hamilton Mourão. Em dezembro, limitava-se a resmungar palavrões no Twitter e anunciar seus cursos de filosofia on-line numa Black Friday estendida. Sua principal ideia política, porém — a da guerra cultural como instrumento de propaganda e manipulação da esquerda —, vicejou no terreno fértil do "bolsonarismo raiz", vertente da qual Martins passou a ser o principal porta-bandeira.

Foi em meados dos anos 2000 que Carvalho começou a popularizar nas redes o conceito da batalha que não se trava com armas nem embates entre concepções políticas, mas na esfera da produção cultural. O professor de filosofia on-line passou as últimas décadas insistindo que o partido do ex-presidente Lula só fincara suas garras no poder por ter inoculado nas escolas e universidades, nos mercados editorial e artístico e nos veículos de comunicação uma visão cultural que incluía pontos de vista sobre sexo, sexualidade, religião, questões raciais e ambientais. Martins lamentava que a direita brasileira continuasse "cega" para esse estratagema da esquerda, de colonização de espaços estratégicos, enquanto gastava suas energias na defesa da "pauta única" do livre mercado. Dizia que só um candidato com a coragem de livrar seu discurso do primado econômico e atacar a esquerda pelo flanco dos costumes teria condições de derrotá-la. Nesse sentido, a ascensão e a vitória de Bolsonaro — com sua pauta pró-armas, antiminorias e "em defesa da família e da religião" — foi vista pelos seguidores de Olavo de Carvalho como a concretização de uma profecia.

O maior legado de Carvalho às redes sociais, no entanto, não foi um conceito, mas uma ferramenta hoje usada à farta pelo bolsonarismo raiz: o ataque abaixo da linha da cintura. Não se deve combater o oponente com ideias, diz o professor, mas com investidas destinadas a desmoralizá-lo. Para justificar a tática, ele argumenta que os adversários que ascenderam pela escada da guerra cultural se valeram da manipulação e da desonestidade intelectual, portanto seria justo que a direita recorresse aos mesmos métodos. Abrir mão disso significaria enfrentar uma batalha assimétrica e sem chances de vitória. Em suas aulas on-line, da Virgínia, nos Estados Unidos, entre tragadas de cachimbo e goles de licor de laranja produzido pelas monjas da Abadia de Santa Maria, em São Paulo,[57] Carvalho ensina como neutralizar inimigos com chutes na canela e sem dor na consciência: "Não puxem discussão de ideias", disse no dia 5 de dezembro de 2018. "Investigue alguma sacanagem do sujeito e destrua-o. Essa é a norma de Lênin: nós não discutimos para provar que o adversário está errado. Discutimos para destruí-lo socialmente, psicologicamente, economicamente."

Olavo de Carvalho é um estudioso da erística, que Aristóteles define como "a arte da discussão contenciosa, cujo objetivo é vencer, ainda que sem argumentos sólidos". Em 2003, ele publicou *Como vencer um debate sem precisar ter razão* — um livro de notas e comentários sobre a *Erística dialética*, obra que o filósofo Arthur Schopenhauer deixou inacabada. Logo na introdução, Carvalho diz que o tratado do filósofo "[é] de patifaria intelectual, não para uso dos patifes e sim de suas possíveis vítimas, isto é, nós, o povo". A seus alunos, porém, o mestre não só libera a patifaria como a recomenda.

Nesse ponto, Abraham Weintraub provou ser um dos melhores alunos do guru da Virgínia. Em Foz do Iguaçu, pouco antes de ser nomeado ministro da Educação, numa palestra em que discorria sobre os métodos de combater a esquerda, ele pregava: "Quando ele [um esquerdista] chegar para você com o papo 'nhoim nhoim', xinga! Fala como o Olavo de Carvalho diz para fazer. E quando você for dialogar, não pode ter premissas racionais". O ministro é do tipo que faz o que fala. A uma usuária do Twitter que comentou que ele poderia ser "o bobo da corte" caso se reinstaurasse a monarquia (pela qual ele sugerira simpatia), Weintraub escreveu: "Prefiro cuidar dos estábulos, ficaria mais perto da égua sarnenta e desdentada da sua mãe". Em outra ocasião, ele mais uma vez respondeu conforme aos cânones do mestre. A outro tuiteiro que o aconselhou a postar menos e cuidar mais da Educação, Weintraub, com base na foto do crítico, disse que o problema do rapaz não se resolveria com a melhoria da Educação: "[Você] tem que reencarnar. Aproveita e peça para não voltar tão feio (parece mistura de tatu com cobra)".

Além de pôr em prática os ensinamentos do professor, o ministro se esforça em mostrar que enxerga o mundo tal e qual o chefe Bolsonaro e seus filhos. Um levantamento da *Folha de S.Paulo* analisou 444 posts que ele publicou desde a posse até 22 de novembro: quatro em cada dez mensagens consistiam em ataques ao PT, à esquerda ou à imprensa (a Rede Globo foi criticada 29 vezes) — o cardápio preferido do presidente.

O veterano senador Jorge Bornhausen, para quem a política não guarda mais segredos, costuma dizer que familiares de políticos só devem entrar em seus gabinetes se emoldurados por porta-retratos. Jair Bolsonaro, em sua vida toda, fez o contrário. Assim que os três filhos mais velhos abandonaram as calças curtas, ele os trouxe para os corredores palacianos — alocados em gabinetes amigos,[58] lideranças de um dos vários partidos pelos quais o ex-capitão passou,[59] ou alçados à condição de candidatos precoces, como no caso de Carlos.

O partido de Bolsonaro sempre foi a família. A família dele. E o Aliança pelo Brasil, sigla que ele criou em novembro após brigar com o PSL, nada mais é do que a legenda do clã. O partido foi o filho bastardo de um casamento de conveniência que acabou por ambições mal medidas. Logo no segundo mês de governo, os primeiros desentendimentos entre os Bolsonaro e a bancada do PSL começaram a surgir. "Papai ficou chateado com você", disse Flávio Bolsonaro a Alexandre Frota em fevereiro, minutos depois de o deputado subir à tribuna da Câmara para defender a prisão de Fabrício Queiroz. Passados seis meses, o ator, diretor, ex-ator pornô, ex-apresentador de TV e ex-ativista de direita se tornaria o primeiro parlamentar expulso do partido a mando do presidente. A partir daí, o rol dos expurgados do PSL só cresceu. A deputada Joice Hasselmann foi destituída do cargo de líder do governo no Congresso também por ordem de Bolsonaro; o Delegado Waldir, líder da legenda, perdeu o posto para Eduardo Bolsonaro, recém-confrontado com a recepção negativa do Congresso a seu sonho de assumir a embaixada em Washington. (A ideia seria sepultada de vez no final de outubro com a péssima repercussão causada pela entrevista em que o Zero Três defendeu a instauração de um novo AI-5 como "resposta" a possíveis ações "radicalizadas" da esquerda.) Hasselmann vinha brigando com o deputado desde que ele havia se oposto a seu projeto de disputar a prefeitura de São Paulo. Já o Delegado Waldir rompeu com o ex-capitão e o chamou de "vagabundo" por ele ter entrado em campo para substituí-lo pelo terceiro filho. Waldir, ex-aliado de priscas eras, foi um dos quatro a votar em Bolsonaro quando de sua candidatura à presidência da Câmara em 2015.

Cedo, Hasselmann, Frota e Waldir descobriram que cair em desgraça na família Bolsonaro significava mais do que perder a intimidade com o poder e suas benesses. Em menos de um mês, 730 mil seguidores nas redes sociais abandonaram a ex-líder, quase 13% de sua base, em reação a uma campanha capitaneada pelo Zero Três: #deixedeseguirapeppa foi a hashtag que seus detratores disseminaram, uma referência à personagem do desenho animado. Carlos se aliou ao irmão no ataque à deputada ao postar em sua conta no Twitter a imagem de uma porca. Numa guerra de emojis, a parlamentar respondeu com desenhos de ratos e antílopes (uma alusão à suposta homossexualidade do Zero Dois). No início de novembro, Hasselmann chorou na tribuna da Câmara dos Deputados ao relatar os ataques que vinha recebendo desde seu rompimento com os Bolsonaro.

O exército bolsonarista atira primeiro e pergunta depois. Alexandre Frota foi alvo de tanta artilharia que pediu para sair — frases como "Volta a fazer filmes pornô" e outras menos gentis invadiram suas redes sociais. Em agosto, pouco depois de sua expulsão do partido, Frota cancelou todas as suas contas na internet — reativou-as no fim do ano, já no PSDB. No gabinete do Delegado Waldir, o telefone tocou sem parar por duas semanas depois do vazamento do áudio em que ele chamava Bolsonaro de vagabundo. Apoiadores do presidente ligavam gritando xingamentos e ameaças também aos funcionários. A tensão chegou a tal ponto que uma assessora foi parar no ambulatório da Câmara, temerosa de uma invasão de bolsonaristas furiosos.

No começo de outubro, uma frase do presidente a um apoiador à saída do Palácio do Alvorada terminou de tocar fogo no parquinho do PSL. A um pernambucano que queria gravar com Bolsonaro um vídeo no qual ele dizia "Eu, Bolsonaro e Bivar, juntos por um novo Recife" (o correligionário aspirava a uma candidatura), o ex-capitão sussurrou que o presidente do PSL estava "queimado pra caramba". E aconselhou o fã: "Esquece esse cara, esquece o partido". Sua fala foi gravada por outro apoiador e, divulgada na internet, viralizou.

Ao tomar conhecimento da declaração do presidente, Bivar passou do estarrecimento à fúria: se Bolsonaro quisesse deixar o PSL, que fosse com Deus e as pulgas. "Ele já está afastado. Não disse para esquecer o partido? Está esquecido."[60] O presidente ainda tentou contemporizar (Foi "briga de marido e mulher"), mas uma coincidência precipitou o rompimento. Uma semana depois da declaração de guerra, ainda que involuntária, a Polícia Federal promoveu uma busca e apreensão na casa do cacique do PSL em Recife. A ação fazia parte da investigação sobre o esquema das candidaturas laranja que teria ocorrido no estado durante a campanha de 2018.[61] O pedido de busca partiu do Ministério Público e datava de 21 de agosto — antes, portanto, do início da briga pública entre os dois políticos. Mesmo assim, ninguém demoveu Bivar da suspeita de que Bolsonaro não estaria envolvido com a ação policial. "Reviraram as roupas íntimas da minha mulher de 75 anos. Nunca sofri um ataque como esse", disse a um amigo.

Terminava assim um casamento que nunca fora fruto do amor, mas do encontro de interesses — uma união em que os noivos se juntaram pobres e se separaram milionários. Não chega a ser surpreendente que tenha dado em litígio.

Em 2018, o PSL recebeu magros 6,2 milhões de reais do fundo partidário. Em 2019, com quase cinco vezes mais parlamentares, viu seu cofrinho estufar em 110 milhões de reais, o maior valor entre as 32 siglas do país. Incitado pelo filho Eduardo e pela advogada Karina Kufa, Bolsonaro passou a reivindicar o controle da secretaria geral e da tesouraria da legenda. Bivar resistiu. Em meio à disputa — o grupo do ex-capitão exigiu uma auditoria do uso do fundo partidário pelo PSL, que, por sua vez, pediu um exame das contas de campanha de Bolsonaro —, Bivar foi surpreendido por um tiro de morteiro.

Ainda em outubro, o presidente da Embratur, Gilson Machado, desafeto do mandachuva do PSL e aliado do presidente, afirmou à *Veja* que, a pedido de Bolsonaro, estava empenhado em aprofundar as investigações sobre o crime de assassinato atribuído a Bivar nos anos 1980. Ele contou à reportagem que havia pouco um coronel amigo conseguira localizar a mãe e a irmã da massagista Claudete, a suposta amante de Bivar que, no oitavo mês de gravidez, foi encontrada morta num rio de Recife. Machado afirmou à revista ter dito a Bolsonaro que os relatos dos parentes da moça não deixavam dúvida sobre o envolvimento do deputado no crime — só faltava o tal coronel convencer as mulheres a repetir a história ao Ministério Público, de modo a fazer com que os promotores voltassem a trabalhar no caso.

Machado visitou Bolsonaro dois dias antes da declaração, aquela que dizia que Bivar estava "queimado pra caramba". O Palácio do Planalto nunca desmentiu que tivesse partido do ex-capitão o pedido para "aprofundar" a investigação sobre o envolvimento do cacique num crime de homicídio.

Em meados de outubro, Luciano Bivar disse a um deputado que não tinha "a menor condição de sentar na mesma mesa que Bolsonaro nunca mais".

Nesse mesmo mês o presidente se deu conta de que tinha perdido a queda de braço pelo controle do partido com os bivaristas. A executiva nacional do PSL aprovou a abertura do processo de suspensão de dezenove deputados alinhados ao ex-capitão, incluindo o Zero Três. No dia 12 de novembro, Bolsonaro anunciou sua saída do PSL. Convocou uma reunião do partido para comunicar sua decisão, deixando de fora Bivar e Joice Hasselmann, naturalmente, além dos deputados Abou Anni, Coronel Tadeu, Enéias Reis, Fabio Schiochet, Heitor Freire, Julian Lemos, Júnior Bozzella e Professora Dayane Pimentel, os mais novos integrantes da lista de "traidores" do presidente.

Bolsonaro traiu primeiro, dizem alguns deles. A primeira facada ocorreu no dia 9 de maio de 2019, quando o PSL era ainda "a bancada do Jair", formada em sua maioria por marinheiros de primeira viagem eleitos com votação extraordinária, poucos recursos e promessas de "varrer a ideologia das escolas", "endurecer a punição aos bandidos" e, sobretudo, inaugurar uma nova era na política, na qual não haveria tolerância com a corrupção e o toma lá dá cá.

Naquele dia 9, a comissão mista do Congresso votou a medida provisória MP 870, a primeira baixada por Bolsonaro, com o objetivo de enxugar a máquina do governo por meio de uma reforma administrativa. Um dos pontos mais sensíveis da MP era a decisão do governo de delegar ao ministro Sergio Moro a tutela do Coaf, órgão responsável por identificar movimentações financeiras ilícitas e que antes pertencia ao Ministério da Fazenda — no entender do ex-juiz, era uma ferramenta fundamental para o enfrentamento da corrupção. Muitos parlamentares, porém, em especial os envolvidos na Lava Jato, sustentavam que a transferência do Coaf equivalia a engatilhar uma arma que em breve poderia ser apontada para as suas cabeças. O órgão havia identificado as transações suspeitas de Fabrício Queiroz no final de 2018.

Nos bastidores do Congresso, teve início um movimento encabeçado por partidos do Centrão e da oposição para retirar o Coaf do guarda-chuva de Moro. Esse grupo obteve uma primeira vitória na comissão mista que analisou a MP — no relatório final da comissão, o Coaf voltava para o Ministério da Economia. Inconformados, deputados do PSL declararam que, quando o relatório fosse levado ao plenário, eles exigiriam votação nominal, de modo a tornar público quem havia ajudado a retirar o Coaf do ministro da Justiça. Àquela altura, era intensa a pressão nas redes para que isso não acontecesse. No dia 4 de maio, as hashtags #coafcommoro e #870votenominal foram os dois principais tópicos do Twitter. Naquele mês, em número de menções na rede, a MP 870 esteve perto de atingir a reforma da Previdência e superou o Campeonato Brasileiro de futebol.

Horas depois da derrota do governo na votação da comissão mista, Bolsonaro convocou uma reunião de emergência com a bancada do PSL no Palácio do Planalto. Para surpresa de muitos, o presidente pediu aos presentes que apoiassem, tal como estava, o relatório da comissão — além de tirar o Coaf das mãos de Moro, o relatório previa a recriação do Ministério das Cidades. Bolsonaro explicou que isso fazia parte do acordo com o Centrão para aprovar a MP, que caducaria caso não fosse votada naquela data. O acordo havia sido costurado com Rodrigo Maia, a quem Bolsonaro já havia prometido a indicação do titular das Cidades. Assim que o presidente se calou, a deputada Carla Zambelli começou a chorar. "É decepcionante ouvir isso de você", disse ao ex-capitão. Zambelli abandonou a sala aos prantos. Um acordo de Bolsonaro com a fina flor do Centrão em nada se parecia com a ideia da "nova política" que havia ajudado a eleger a deputada e boa parte de seus colegas de bancada. Outros parlamentares pediram a palavra. Júnior Bozzella afirmou compreender a situação, mas disse enxergar um risco na atitude do presidente: "Quando um líder perde o pudor, os que obedecem perdem o respeito". Seu colega Filipe Barros foi mais direto. Disse a Bolsonaro que, quando ele era "motivo de chacota", todos ali o apoiaram. "Acreditamos em você", afirmou. Bolsonaro ouviu as críticas contrariado. Ao final, reclamou: "Vocês têm que entender, estou com a faca no pescoço, pô!".

No dia 28 de maio, a MP 870 foi aprovada no Senado horas antes de perder a validade. Não recriou o Ministério das Cidades, mas deixou Moro sem o Coaf — mais tarde rebatizado de UIF e confinado aos porões do Banco Central. Pela primeira vez o governo beijava o Centrão e Bolsonaro cedia à lógica da barganha com o Congresso. Com o tempo, o presidente evoluiu na prática, permitiu que ela corresse solta, e explícita, como quando autorizou a liberação de 40 milhões de reais em emendas para cada parlamentar em troca do apoio na última fase da votação da PEC da Previdência. Mais tarde, colocou-a a serviço de causas menos nobres, como quando determinou aos filhos que se empenhassem na operação para abafar a Lava Toga, de forma a agradar o presidente do STF, Dias Toffoli, principal alvo da CPI e responsável pela liminar que suspendeu as investigações contra Flávio. Bolsonaro não cedeu à velha política de uma vez: curvou-se a ela aos pouquinhos. O caso Queiroz foi fundamental para deixar mais flexível a espinha do ex-capitão. Diante do escândalo, Bolsonaro, que se elegeu enrolado na bandeira da Lava Jato, calou-se a respeito da decisão do STF de acabar com a prisão após condenação em segunda instância, além de trabalhar para neutralizar os poderes do Coaf e abafar a CPI da Lava Toga. Foi também o caso Queiroz que quase o fez demitir Sergio Moro e o empurrou para os braços do presidente do STF, Dias Toffoli — que acabou se revelando menos útil do que parecia. Em dezembro, uma virada no plenário do STF autorizou a retomada das investigações do escândalo. Com isso, Bolsonaro terminou 2019 com a mesma bola de ferro amarrada aos pés com que havia começado o ano.

Em compensação, duas notícias elevaram o ânimo do ex-capitão naquele mês de dezembro. Na economia, os últimos índices prometiam um raiar de 2020 mais ensolarado — o país poderia crescer até 2,5%, contra o pouco mais de 1% estimado para 2019. No campo político, a saída do ex-presidente Lula da cadeia trouxe a perspectiva de reagrupamento da oposição, que passou o ano dispersa e letárgica inclusive por falta do que fazer, dado o espaço que as crises autoinfligidas do governo ocuparam na arena partidária. Sendo o confronto a natureza e o combustível de Bolsonaro, a reentrada de Lula em cena era a azeitona que faltava na sua empada.

* * *

Desde o início da tarde de 26 de novembro, a avenida Rodrigo Otávio, na Zona Sul de Manaus, estava coalhada de guardas de trânsito. Junto deles, agentes do GSI, identificados e à paisana, aguardavam a passagem do presidente da República. Jair Bolsonaro participaria de uma cerimônia religiosa em sua homenagem na sede amazonense da Igreja Evangélica Assembleia de Deus, a maior congregação evangélica do Brasil, com 11,9 milhões de fiéis, segundo o censo do IBGE de 2010. O "Culto de gratidão a Deus e à vida do presidente da República" havia sido organizado pelo pastor, deputado federal e líder da bancada evangélica na Câmara, Silas Câmara, do Republicanos. A cerimônia seria celebrada pelo irmão do deputado, o também pastor Samuel Câmara — presidente da Assembleia de Deus em Belém do Pará.

O culto estava marcado para começar às 19h, mas desde as 15h os fiéis faziam fila em torno do Centro de Convenções Canaã, onde o presidente era aguardado. Na calçada, bolsonaristas aproveitavam para colher assinaturas em prol da criação do Aliança pelo Brasil. O novo partido, segundo a apresentação da advogada Karina Kufa, feita cinco dias antes, nasceria com base em quatro fundamentos: 1) "respeito a Deus e à religião"; 2) "respeito à memória, à identidade e à cultura do povo brasileiro"; 3) "defesa da vida, da legítima defesa, da família e da infância"; e 4) "garantia da ordem, da representação política e da segurança". (A palavra corrupção não foi mencionada no texto de princípios.)

Em frente ao prédio, estudantes exibiam uma faixa com os dizeres "igreja não é curral eleitoral". Dentro, mais de uma centena de soldados do Exército reforçava a segurança. Bolsonaro e Michelle entraram no auditório ovacionados por 15 mil pessoas. Ouviram gritos de "mito" e "sua linda". O presidente discursou depois do sermão do pastor Samuel Câmara. Relembrou sua trajetória de deputado do baixo clero à Presidência: "Deus tem propósito para cada um de nós. Eu jamais pensei chegar onde cheguei". Falou da precariedade financeira de sua campanha, do atentado de que foi vítima e do receio que sentiu diante da vitória eleitoral: "Confesso que fiquei com muito medo quando me elegi presidente da República".[62] Ao final, reiterou que, das duas vagas que terá direito a preencher no Supremo Tribunal Federal durante seu mandato, uma será de um pentecostal. Em junho, ele já havia dito que o próximo ministro da Corte seria alguém "terrivelmente evangélico".

(Quanto a Moro, a quem prometera uma cadeira na Corte quando lhe fez o convite para integrar o governo, o presidente já sinalizou que nada está garantido. No final de agosto, em almoço no Quartel-General do Exército, em Brasília, afirmou não ter "nenhum compromisso" com o ex-magistrado em relação à vaga no tribunal. "Tem que ver. Como o Senado avaliaria ele hoje?", questionou. No mesmo dia, Bolsonaro afirmou que o ministro era "ingênuo" e lhe faltava "malícia".)

Ao final do culto, Bolsonaro e Michelle receberam a bênção do pastor. Mais tarde, o presidente postou um vídeo em que aparece ajoelhado ao lado de Michelle. Em dezembro, ele incrementou o hábito de fazer lives de suas atividades fora do Palácio. No dia 6, no carro, a caminho do estádio do Maracanã, gravou um comentário sobre a partida que iria assistir, Flamengo x Avaí.

Dois dias antes, em Brasília, no meio da tarde o presidente fora à Feira dos Importados, área de comércio popular conhecida como "Feira do Paraguai". Nas imagens da visita, transmitida numa live no Facebook, via-se o ex-capitão comendo um pastel de queijo. Naquele dia, sua agenda não registrava muitos compromissos, mesmo porque para ele o ano estava praticamente encerrado.

Havia pouco convencera Paulo Guedes a desistir de brigar pela aprovação no Congresso das reformas administrativa e tributária. Nas discussões internas do governo, o ministro defendia que, com a aprovação das duas reformas de uma vez, mais a construção do pacto federativo, o Brasil estaria crescendo 4% daqui a três anos. Bolsonaro e seu grupo mais próximo, no entanto, concordaram apenas em encaminhar a reforma tributária e prosseguir as negociações do pacto federativo. Já a reforma administrativa ficou sem prazo. Os itens que tratam da redução salarial e da diminuição da jornada de trabalho de servidores públicos são amargos demais para se pôr à mesa. Bolsonaro julga que trariam um ônus político indesejável, sobretudo porque, àquela altura, a promessa de campanha de acabar com a reeleição havia se perdido no tempo.

No final do primeiro ano de mandato, os lábios de Jair Bolsonaro não tremiam mais, nem seus olhos se movimentavam nervosos de um lado para o outro. Estavam fixos em 2022.

lberto Fraga é amigo de Bolsonaro há quase quarenta anos. Era, como ele, integrante o baixo clero da Câmara em 2015, quando o ex-capitão lhe disse que sonhava obter 0% dos votos nas eleições ao Planalto. "Cê tá louco?", reagiu Fraga.

Flávio, senador, Eduardo, deputado federal, e Carlos Bolsonaro, vereador, posam com o pai antes da cerimônia de diplomação do presidente eleito, em dezembro de 2018.

Carlos Bolsonaro — o filho Zero Dois — acompanhou o desfile do pai e da madrasta no banco de trás do Rolls-Royce presidencial durante a cerimônia de posse. O vereador carioca é um dos comandantes do bolsonarismo nas redes sociais.

Bolsonaro declarou que o general Eduardo Villas Bôas, ex-comandante do Exército, foi um dos responsáveis por sua eleição. Portador de uma doença degenerativa, o general postou no Twitter um texto "contra a impunidade" na véspera do julgamento pelo STF do habeas corpus do ex-presidente Lula.

Bolsonaro almoça em um self-service de Davos em sua primeira viagem internacional como presidente da República. Ele abriu o Fórum Econômico Mundial de 2019.

Apoiador de primeira hora da candidatura Bolsonaro, Gustavo Bebianno serviu como advogado, cabo eleitoral e segurança do ex-capitão durante a campanha. Nomeado ministro de governo, foi torpedeado por Carlos Bolsonaro e ficou menos de dois meses no cargo.

Ex-sargento do Exército, o deputado Hélio Lopes, ou Hélio Negão, é amigo íntimo do presidente, a quem acompanha em eventos públicos e viagens internacionais (à dir., o ministro Onyx Lorenzoni).

O vice-presidente Hamilton Mourão e seu homólogo Mike Pence, em encontro nos Estados Unidos em abril. A viagem de Mourão provocou a ira de Bolsonaro depois que o ex-general posou sorridente ao lado de FHC, também em visita ao país.

Jair Bolsonaro e o ministro Sérgio Moro caminham abraçados no desfile de Sete de Setembro, em Brasília. Semanas antes do evento, Bolsonaro havia decidido demitir o ex-juiz da Lava Jato. Mudou de ideia a conselho do general Augusto Heleno.

O ministro da Casa Civil, Onyx Lorenzoni; o presidente da Câmara, Rodrigo Maia; Jair Bolsonaro; o governador de Goiás, Ronaldo Caiado; o presidente do Senado, Davi Alcolumbre; e o presidente do STF, Antonio Dias Toffoli, em março, num churrasco e Brasília.

m abril, o ministro da Economia, Paulo Guedes, ficou furioso ao ser chamado de "chutchuca" por um deputado da oposição durante uma audiência no Congresso.

presidente francês, Emmanuel Macron, e Bolsonaro, na reunião do G20, no Japão, o depois de o presidente francês ter acusado o colega brasileiro de ter "mentido" relação ao compromisso do Brasil com a preservação do meio ambiente.

Consumado o divórcio com o PSL, o bolsonarismo lançou um novo partido. O Aliança pelo Brasil recebeu de um simpatizante uma homenagem feita de 4 mil cartuchos de bala.

Notas

1. Rodrigo de Almeida, *À sombra do poder: Bastidores da crise que derrubou Dilma Rousseff*. São Paulo, Leya, 2016.

2. Laura Capriglione, "Dilma promete lutar até a última trincheira", Jornalistas Livres, 21 abr. 2016.

3. Vídeo publicado na conta de YouTube de Jair Bolsonaro, abr. 2017.

4. Fernanda Odila, "O silêncio do general Villas Bôas após tuítes serem lidos como ameaça (ou promessa) de interferência", BBC Brasil, 4 abr. 2018; Afonso Benites, Felipe Betim e Flávia Marreiro, "Cúpula do Exército se junta à pressão sobre o STF no dia D de Lula", *El País*, 4 abr. 2018; "Tenho a espada ao lado e aguardo suas ordens, diz general a Villas Boas", *Exame*, 4 abr. 2018; Felipe Betim, "Pressão política de militares no HC de Lula revela como Exército ganha espaço com Temer", *El País*, 10 abr. 2018; "De modo ilegal, Exército pressionou STF contra Lula", Blog do Kennedy, 12 nov. 2018.

5. Felipe Recondo e Luiz Weber, *Os onze: O STF, seus bastidores e suas crises*. São Paulo: Companhia das Letras, 2019.

6. Rubens Valente, "Bolsonaro admitiu atos de indisciplina e deslealdade no Exército", *Folha de S.Paulo*, 15 maio 2017; "Aversão de militares à imprensa ajudou a absolver Bolsonaro em 1988, diz autor de livro",

G1, 31 jul. 2019; "Bolsonaro xinga ministros durante passeata", *Jornal do Brasil*, 28 abr. 1992; "Emfa recorre à oposição contra Bolsonaro", *Jornal do Brasil*, 16 abr. 1992; "Bolsonaro faz exibição para o presidente", *Jornal do Brasil*, 4 jul. 1991; "Deputado faz ameaça ao ministro do Exército", *Jornal do Brasil*, 17 out. 1991; "Liberdade", *Jornal do Brasil*, 30 abr. 1991; "Jair Bolsonaro é barrado na praia do Forte de Imbuí", *Jornal do Brasil*, 10 abr. 1990; "Exército despeja Bolsonaro", *Jornal do Brasil*, 5 jan. 1989; "Repórter depõe no Exército e relata ameaças", *Jornal do Brasil*, 29 dez. 1987; "Capitão é punido por artigo", *Jornal do Brasil*, 3 set. 1986.

7. "Emfa recorre à oposição contra Bolsonaro", *Jornal do Brasil*, 16 abr. 1992; "Jair Bolsonaro é barrado na praia do Forte de Imbuí", *Jornal do Brasil*, 10 abr. 1990; "Exército despeja Bolsonaro", *Jornal do Brasil*, 5 jan. 1989.

8. Vídeo publicado na conta de YouTube de Jair Bolsonaro, abr. 2017.

9. "Lance-livre", *Jornal do Brasil*, 20 ago. 1994; "Pedra no coturno", *Jornal do Brasil*, 15 abr. 1992; "Deputado faz ameaça ao ministro do Exército", *Jornal do Brasil*, 17 out. 1991; "Jair Bolsonaro é barrado na praia do Forte de Imbuí", *Jornal do Brasil*, 10 abr. 1990.

10. "Registro: impedido", *Jornal do Brasil*, 16 ago. 1992.

11. "Bolsonaro xinga ministros durante passeata", *Jornal do Brasil*, 28 abr. 1992.

12. Gustavo Fioratti, "Bolsonaro inflou antipetismo ao se opor à Comissão Nacional da Verdade", *Folha de S.Paulo*, 23 out. 2018.

13. Elio Gaspari, *A ditadura encurralada*. São Paulo: Companhia das Letras, 2004.

14. Elio Gaspari, *A ditadura derrotada*. São Paulo: Companhia das Letras, 2003.

15. Igor Gielow, "Bolsonaro encontra empresários e cita Rocha como ministro", *Folha de S.Paulo*, 12 ago. 2018.

16. Discursos e Notas Taquigráficas da Câmara dos Deputados, 17 jun. 2008; *Diário da Câmara dos Deputados*, 18 jun. 2008. Disponível em: <http://imagem.camara.gov.br/Imagem/d/pdf/DCD18JUN2008.pdf#page=>. Acesso em: 4 dez. 2019.

17. Renato Melo Xavier, "PEN prepara festa, mas Bolsonaro não se filia e causa saia justa", Poder360, 10 ago. 2017.

18. "Bolsonaro acerta com Bivar, rompe com o PEN e vai concorrer à Presidência pelo PSL", *O Tempo*, 6 jan. 2018.

19. Nonato Viegas, "Bolsonaristas acusam Bivar de envolvimento em assassinato nos anos 1980", *Veja*, 8 nov. 2019; "Exame de paternidade pode revelar assassino de moça", *Diario de Pernambuco*, 22 fev. 1983; "Advogado é suspeito de matar massagista", *Diario de Pernambuco*, 22 out. 1982.

20. "Bolsonaro chancelou repasses a Bivar para entrar no PSL, diz Bebianno à PF", *Valor Econômico*, 4 nov. 2019; Afonso Benites, "Quiproquó do PSL: milhões, trapaças e tuítes fumegantes, *El País*, 19 out. 2019; Bruno Góes, "O que é o PSL, o partido do presidente", *Época*, 21 fev. 2019.

21. Clarissa Thomé, "De salto alto, policial saca arma e surpreende supostos criminosos no Rio", *O Estado de S. Paulo*, 11 abr. 2014.

22. "ACM pede cassação de Bolsonaro", *Jornal do Brasil*, 25 maio 1999; "Bolsonaro pode perder o mandato", Senadores na Mídia, Senado Federal, 25 maio 1999. O processo de cassação do mandato não chegou a ser aberto, depois de uma retratação de Bolsonaro à Mesa da Câmara.

23. Fernanda Krakovics e Juliana Castro, "Flávio Bolsonaro passa mal durante debate na TV", *O Globo*, 25 ago. 2016.

24. Felipe Frazão, Breno Pires, Fábio Leite e Renan Truffi, "Agressor pediu 'pena de morte' para Jair Bolsonaro e fez curso de tiro", UOL, 7 set. 2018.

25. Maurício Moura e Juliano Corbellini, *A eleição disruptiva: Por que Bolsonaro venceu*. Rio de Janeiro: Record, 2019.

26. Twitter de Carlos Bolsonaro, 28 nov. 2018, disponível em: <https://twitter.com/carlosbolsonaro/status/1067940488580345856>; Constança Rezende, "Carlos mirou pessoas próximas a Bolsonaro ao dizer que há interessados na morte do pai", *O Estado de S. Paulo*, 29 nov. 2018; João Fellet, "Carlos Bolsonaro: quem é o 'filho 02', o polêmico gestor das redes sociais de Bolsonaro", BBC Brasil, 14 maio 2019.

27. "'Não sou gay nem sei onde é que faz suruba', diz 'príncipe' que foi cotado para ser vice", *IstoÉ*, 14 nov. 2019; "Bebianno apresentou fotos de 'suruba gay' para impedir que eu fosse vice, diz príncipe", *Época*, 13 nov. 2019; Igor Gadelha, "'Príncipe' confirma dossiê e diz que Bolsonaro o descartou com base em armação", *Crusoé*, 13 nov. 2019.

28. Luiz Maklouf Carvalho, "A disputa eleitoral no clã Bolsonaro", *O Estado de S. Paulo*, 15 abr. 2018.

29. Luiz Maklouf Carvalho, "A disputa eleitoral no clã Bolsonaro", *O Estado de S. Paulo*, 15 abr. 2018; João Fellet, "Carlos Bolsonaro: quem é o 'filho 02', o polêmico gestor das redes sociais de Bolsonaro", BBC Brasil, 14 maio 2019.

30. "Jair Bolsonaro é barrado na praia do Forte do Imbuí", *Jornal do Brasil*, 10 abr. 1990.

31. Eduardo Lucizano, "Após áudio sobre suposta troca de cargos, deputado do PSL nega negociação", UOL, 16 mar. 2019; Gisele Barros, "Integrante da equipe de Bolsonaro foi acusado de estelionato e três vezes alvo da Lei Maria da Penha", *O Globo*, 6 nov. 2018.

32. "Irritado com ataques, Maia disse ao governo: 'Manda entregar na burocracia a reforma'", Blog da Andréia Sadi, 20 mar. 2019.

33. Vera Rosa e Naira Trindade, "Maia ameaça deixar articulação política da Previdência", *O Estado de S. Paulo*, 22 mar. 2019.

34. Felipe Moura Brasil, "Os blogueiros de crachá", *Crusoé*, 11 out. 2019.

35. Caio Sartori e Roberta Jansen, "Alvos do MP-Rio assessoram Bolsonaro", *O Estado de S. Paulo*, 16 maio 2019.

36. Karla Gamba, Daniel Gullino e João Paulo Saconi, "Bolsonaro compartilha texto que classifica país de 'ingovernável fora de conchavos'", *O Globo*, 17 maio 2019; Tânia Monteiro, "Bolsonaro divulga texto que fala em Brasil 'ingovernável' fora de conchavos", UOL, 17 maio 2019; Pedro Rafael Vilela, "Forma de governar não agrada grupos do passado, diz Bolsonaro", Agência Brasil, 17 maio 2019.

37. Camila Abrão, "General que preside os Correios resiste à privatização: 'Querem vender só a parte boa'", *Gazeta do Povo*, 7 jun. 2019.

38. Laís Lis, "Bolsonaro diz que presidente do BNDES está com 'cabeça a prêmio'", G1, 15 jun. 2019.

39. Fernanda Calgaro e Luiz Felipe Barbiéri, "De surpresa, Bolsonaro vai a pé ao Congresso para sessão solene em homenagem a humorista", G1, 29 maio 2019.

40. *Reforma da Previdência: Por que o Brasil não pode esperar?*. Rio de Janeiro: Elsevier, 2018.

41. Malu Gaspar, "O fiador", *piauí* n. 144, set. 2018.

42. Daniel Weterman e Ricardo Galhardo, "'Perdoo o Rodrigo Maia pela situação pessoal que ele está vivendo', diz Bolsonaro sobre atritos", *O*

Estado de S. Paulo, 23 mar. 2019; Vera Rosa, Naira Trindade e Renata Agostini, "'O governo é um deserto de ideias', afirma Maia", *O Estado de S. Paulo*, 23 mar. 2019.

43. Angela Boldrini e Talita Fernandes, "Bolsonaro está 'brincando de presidir o país', diz Maia", *Folha de S.Paulo*, 27 mar. 2019; Silvia Amorim e Bruno Góes, "Bolsonaro rebate Maia: 'Não existe brincadeira de minha parte'", *O Globo*, 27 mar. 2019; Eduardo Bresciani, "Ataques do PSL à 'velha política' afastam aliados de Bolsonaro", *O Globo*, 24 mar. 2019; Mariana Carneiro, "Deputados creem que ataque ao centrão nas redes sociais foi coordenado por aliados de Bolsonaro", *Folha de S.Paulo*, 3 maio 2019.

44. "Como a palavra 'tchutchuca' provocou a confusão que encerrou a audiência de Guedes na Câmara", GaúchazH, 3 abr. 2019.

45. Renato Alves, "O padrinho", *Crusoé*, 6 set. 2019.

46. Naira Trindade, "Bolsonaro fala em indulto para autores de massacres", *O Globo*, 1 set. 2019.

47. Naira Trindade, "Bolsonaro diz que Michelle regula a cerveja e o leite condensado", *Época*, 1 set. 2019.

48. Natália Portinari e Naira Trindade, "Interferência de Bolsonaro em Receita, Coaf e PF gera receio de prejuízo a investigações", *O Globo*, 25 ago. 2019; Clara Cerioni, "Interferência de Bolsonaro em órgãos pode prejudicar combate à corrupção", *Exame*, 26 ago. 2019; Talita Fernandes, "Se não posso trocar o superintendente da PF, troco o diretor-geral, diz Bolsonaro", *Folha de S.Paulo*, 22 ago. 2019.

49. Augusto Nunes, "Sarney sobrevive ao ataque de jornalistas armados de microfones e circula por Nova York a bordo de uma limusine branca", *Veja*, 10 jul. 2014.

50. "Ao explicar R$ 200 mil da JBS, Bolsonaro admite que PP recebeu propina: 'qual partido não recebe?'", Jovem Pan, 23 maio 2017; "'Qual partido não recebe?', diz Bolsonaro sobre propina a rádio", *Folha de S. Paulo*, 23 maio 2017.

51. Carolina Brígido, "Dias Toffoli, o aliado-geral da República", *Época*, 6 set. 2019; Ricardo Noblat, "Bolsonaro ama Toffoli", Blog do Noblat, *Veja*, 25 set. 2019.

52. Jailton Carvalho, "Pedido de Moro para Toffoli revogar decisão sobre Coaf irritou Bolsonaro", *O Globo*, 24 ago. 2019.

53. Daniel Weterman, Breno Pires e Julia Linder, "PSL escala Flávio Bolsonaro para desarticular CPI da Lava Toga", *O Estado de S. Paulo*, 9 set. 2019; "Ação contra CPI da Lava Toga racha PSL e senadora ameaça deixar sigla", *Exame*, 11 set. 2019.

54. Breno Pires, "Eduardo Bolsonaro republica vídeo com críticas à CPI da 'Lava Toga'", *O Estado de S. Paulo*, 15 set. 2019; Daniela Lima, "Para centro-direita, embate sobre Lava Toga é marco na divisão do bolsonarismo", *Folha de S.Paulo*, 17 set. 2019.

55. Vinicius Torres Freire, "O grande acordão do governo Bolsonaro", *Folha de S.Paulo*, 15 set. 2019; José Nêumanne, "Bolsonaro faz pacto com Toffoli", *O Estado de S. Paulo*, 16 ago. 2019; João Domingos, "Mudança de rumos", *O Estado de S. Paulo*, 14 set. 2019; Felipe Amorim, "Toffoli tenta descolar Flávio Bolsonaro de julgamento sobre Coaf", UOL, 20 nov. 2019; "Toffoli nega 'acordão' entre Poderes e diz que há 'harmonia'", Jovem Pan, 27 set. 2019.

56. Chico Alves, "General Santa Rosa sobre Bolsonaro: 'Governar não é ação entre amigos'", UOL, 4 dez. 2019.

57. Denis Russo Burgierman, "O curso de Olavo de Carvalho, o artista da ofensa", *Época*, 14 mar. 2019.

58. Matheus Magenta, "Como Flávio Bolsonaro ocupou um cargo na Câmara dos Deputados enquanto fazia faculdade e estágio no Rio", BBC Brasil, 23 jan. 2019.

59. Matheus Magenta, Mariana Sanches e André Shalders, "Faculdade no Rio, emprego em Brasília: o cargo na Câmara que Eduardo Bolsonaro ganhou aos 18 anos e não lembra", *Época*, 3 out. 2019.

60. "Bivar diz que Bolsonaro 'já está afastado' do PSL: 'Não disse para esquecer o partido?'", Blog da Andréia Sadi, 9 out. 2019.

61. Camila Mattoso, Ranier Bragon e Joana Suarez, "Partido de Bolsonaro criou candidata laranja para usar verba pública de R$ 400 mil", *Folha de S.Paulo*, 10 fev. 2019.

62. "Em fala para evangélicos, Bolsonaro diz que eleição dele 'teve propósito divino'", *Estado de Minas*, 27 nov. 2019.

Agradecimentos

A
Ana Clara Costa
Eurípedes Alcântara
Lucila Lombardi
Luiz Schwarcz
Maicon Tenfen
Miriam Lopes
Orlando Brito
Otávio Marques da Costa
Policarpo Júnior
Ricardo Teperman
Rafael Cortez
Rubens Ricupero
Stéphanie Lalier
Vilma Gryzinski
Wilson Silveira

E a todos que anonimamente me ajudaram a fazer este livro, meu muito obrigada.

Créditos das imagens

p. 233: Alan Marques/ Folhapress (19/08/2015)

p. 234 (acima): Roberto Jayme/ Ascom/ TSE (10/12/2018)

p. 234 (abaixo): Antonio Lacerda/ EFE (01/01/2019)

p. 235 (acima): Jorge William/ Agência O Globo (11/01/2019)

p. 235 (abaixo): Alan Santos/ PR/ Agência Brasil (22/01/2019)

p. 236: Ricardo Moraes/ Reuters/ Fotoarena (11/10/2018)

p. 237 (acima): Alan Santos/ PR/ Agência Brasil

p. 237 (abaixo): Romério Cunha/ VPR/ Agência Brasil (07/04/2019)

p. 238 (acima): Pedro Ladeira/ Folhapress (08/11/2019)

p. 238 (abaixo): J. Batista/ Câmara dos Deputados (16/03/2019)

p. 239 (acima): Adriano Machado/ Reuters/ Fotoarena (04/04/2019)

p. 239 (abaixo): Jacques Witt/ POOL/ AFP/ Getty Images (28/06/2019)

p. 240: Pedro Ladeira/ Folhapress (21/11/2019)

Índice remissivo

10 Medidas Contra a Corrupção (projeto), 22
1º Grupo de Artilharia de Costa Mecanizado (Niterói), 111-2
#870votenominal (hashtag), 226

Abbud, Bruno, 201
Abe, Shinzo, 155
Abin (Agência Brasileira de Inteligência), 107-9
abordagem "top down" *versus* "bottom up" (planejamento estratégico), 150
aborto, descriminalização do, 55, 74, 91
Abreu, Kátia, 130-1
Academia Militar das Agulhas Negras (Aman), 37-9, 111, 142, 144
Ação Libertadora Nacional (ALN), 13
Ação Popular Marxista-Leninista, 172
Acordo Climático de Paris (2015), 154

acordo União Europeia-Mercosul, 153-4, 190
ADCs (Ação Declaratória de Constitucionalidade), 57
Advocacia-Geral da União, 207
Aeronáutica, 15, 23, 66, 154
agências reguladoras, chefes de, 151-2
agropecuário, setor, 185-7
AI-5 (Ato Institucional nº 5), 221
Aikawa, Yoichi, 179
ajuste fiscal, 92
Al Jazeera (TV árabe), 92
Alckmin, Geraldo, 26, 34, 59, 83
Alcolumbre, Davi, 129-31, 137, 205
Alemanha, 131, 182-3, 190
Alerj (Assembleia Legislativa do Rio de Janeiro), 197
algas marinhas, oxigênio e, 184
Aliança pelo Brasil (partido), 220-1, 229
Almeida, Gustavo de, 75

Almeida, Mansueto, 165
Alvarenga, Janér, 107
Alves, Damares, 24, 25, 99, 139
Amapá, 129
Amazonas, 149
Amazônia, 28, 42, 79, 91-2, 139, 171, 173, 182-7, 190-1, 202, 211, 216
Amin, Esperidião, 130-1
Amorim, Rodrigo, 58, 80
Anastasia, Antonio, 130
Anexo 3 (Câmara dos Deputados), 11
Anni, Abou, 225
Antagonista, O (site), 207
Antártica, 67
antipetismo, 28, 214; ver também PT (Partido dos Trabalhadores)
Antônio, Marcelo Álvaro, 50-1, 77, 145
aposentadoria, 160, 166
Apple, 21
árabes, países, 187
Arábia Saudita, 155
Araújo, Ernesto, 20, 24, 91, 193
Arida, Persio, 162
Aristóteles, 219
Arruda, José Roberto, 178
Arruda, Selma, 208
Artefacto (empresa), 44
Asa Norte (Brasília), 23
Ásia, 68, 186
Assembleia de Deus (denominação evangélica), 229
Assis, Vanderlei, 25
Associação Comercial de Juiz de Fora, 78
atentado em Juiz de Fora ver facada em Bolsonaro (2018)
Augusto, Capitão, 23, 59-60

Azevedo e Silva, Fernando, 26, 29
Azevêdo, João, 188

Bacchi, Bráulio, 44
Bacha, Edmar, 162
Bahia, 126, 147
Bahia (time), 151
"baixo clero" do Congresso, 9, 11, 72, 230
Banco Central, 141, 227
Banco do Brasil, 143
Bandeirantes (TV), 72, 74-6, 117
Barbosa, Joaquim, 194
Barra da Tijuca (Rio de Janeiro), 39, 90, 111
Barros, Filipe, 227
Barros, Luiz Carlos Mendonça de, 162
Barroso, Adilson, 55-8, 60
Barroso, Luís Roberto, 152
Base Aérea de Brasília, 21-2, 93
Batalhão da Guarda Presidencial, 16
Batista, irmãos (Joesley e Wesley), 195
Bebianno, Gustavo, 23, 47-57, 61, 77-80, 82, 85, 96, 101-5, 113, 141, 168, 192-3, 195
Belém (PA), 229
Belo Horizonte (MG), 168
Bethlem, Fernando Belfort, 41
Bezerra, Fernando, 130
Biarritz (França), 184
Bíblia, 193
Bicudo, Hélio, 12
Bin Salman, Mohammed, 155
Bites (agência), 82, 212, 213-4
Bivar, Luciano, 51, 60-4, 223-5
Bivar, Sérgio, 62
blogueiros de direita, 167
BNDES (Banco Nacional de Desenvol-

vimento Econômico e Social), 139, 141, 182

Boa Vista (RR), 150

Boeing, 22

Bolsa Família, 161

bolsonarismo/bolsonaristas, 71, 95, 102-3, 114-5, 120, 133, 136, 204-5, 209, 217-8, 222, 229

Bolsonaro Opressor (página do Facebook), 181-2

Bolsonaro, clã, 25, 81, 110, 114, 197, 201, 205, 208-9, 220-2

Bolsonaro, Carlos, 49-50, 52-3, 76, 78-9, 82, 90-1, 95-6, 104-12, 114-7, 120, 143, 168, 181, 189, 220, 222

Bolsonaro, Eduardo, 12, 14, 20, 24, 39, 60, 73, 80, 106, 110, 120, 127, 133, 145, 155, 157, 159, 169, 189-90, 209, 220-2, 224-5

Bolsonaro, Flávio, 14, 25, 54, 58, 60, 74-6, 80-2, 110, 113, 124-5, 189, 197-201, 208-9, 220-1, 228

Bolsonaro, Jair Renan, 111-2, 189

Bolsonaro, Laura, 112, 179

Bolsonaro, Michelle, 25, 82, 99, 179-80, 197, 230

Bolsonaro, Rogéria ver Braga, Rogéria Nantes

Bomfim, Sebastião, 44

Bonner, William, 29

Bornhausen, Jorge, 220

Botafogo (time), 67

Bozzella, Júnior, 225, 227

Bracher, Candido, 43

Braga, Eduardo, 130-1

Braga, Rogéria Nantes, 110-1, 189

"Brasil acima de tudo, Deus acima de todos" (lema bolsonarista), 25

Brasília, 11, 14, 21, 23-4, 26, 32, 37, 41-3, 49, 51-2, 77, 91, 93, 97, 100, 119, 123, 126, 130, 145, 178, 230-1

Brazil Conference (Cambridge, Massachusetts), 92, 97

Brazil Institute (Wilson Center, EUA), 97

Brazilian Journal (site), 159

Brigada de Infantaria Paraquedista, 144, 198

Brilhante Ustra, Carlos Alberto, 12-4, 42, 97, 159, 193

Bruxelas (Bélgica), 154

burocracia, 115, 145

Cabral, Sérgio, 197

cafés da manhã de Bolsonaro, 137, 140, 171, 181

Caiado, Ronaldo, 215

caixa 2, crime de, 206

Calheiros, Renan, 129

Câmara dos Deputados, 9, 11-4, 25, 36, 38, 51, 55, 64-7, 72, 110, 114-7, 128-9, 131-2, 140, 146-7, 157-9, 161, 163, 165-6, 194, 221-2, 229

Câmara dos Vereadores do Rio de Janeiro, 36, 96, 111

Câmara, Samuel, 229-30

Câmara, Silas, 229

Camarinha, Ricardo Peixoto, 20

campanha presidencial de Bolsonaro, custo da, 196

Campeonato Brasileiro de futebol, 226

Campinas (SP), 121

Campos, Eduardo, 77

Campos, Roberto, 140

Canadá, 24

Cancún (México), 189

Cantanhêde, Eliane, 214
Capiberibe, rio (Recife), 62
capitalismo, 24
Cardoso, Alberto, 29
Cardoso, Fernando Henrique, 43, 72, 93-4, 141, 157-8, 176
cargos comissionados do governo federal, 108
Carnaval, 214
carne, produção de, 186
Carneiro, Enéas, 11, 61
Carrefour, 43
carros elétricos, indústria de, 86
carteira de motorista, suspensão da, 148
Carvalho, Olavo de, 25, 94-5, 120-2, 133, 143, 205, 209, 217-20; *ver também* olavistas
Casa Branca, 85
Casa Civil, 22, 53, 85, 146, 150
casamento gay, 55
caso Queiroz *ver* Queiroz, Fabrício
castração química de estupradores, projeto de, 11
Castro, Antônio Carlos de Almeida (Kakay), 56-7, 59
Catar, 92
católicos, 172
Caxias, Duque de, 12
CBF (Confederação Brasileira de Futebol), 177
celulares, impostos para, 215
Centauro (empresa), 44
Centrão, 116, 136, 158, 226-7
Centro Cultural Banco do Brasil, 16
Centro de Convenções Canaã (Manaus), 229

Centro de Convenções Sul-América (Rio de Janeiro), 102
Chagas, Paulo, 100
Chaves (série de TV), 179
Chile, 67-8, 162, 164, 168
China, 67, 92, 167
Chrisóstomo, Coronel, 68
Churchill, Winston, 193
Cialis (remédio), 180
Cingapura, 155
Cintra, Marcos, 21
closet de Bolsonaro, 177; *ver também* Palácio da Alvorada
Clube de Tiro (Florianópolis), 96
Clube do Exército (Brasília), 26, 31, 97
Clube Militar (Rio de Janeiro), 27-8, 42, 98, 204
Coaf (Conselho de Controle de Atividades Financeiras), 197, 201, 210, 225-8
#coafcommoro (hashtag), 226
cocaína em avião da FAB, 154
Colégio Batista Brasileiro (Rio de Janeiro), 111
Colégio Militar de Brasília, 145
Colégio Palas (Rio de Janeiro), 111
colégios militares, 111
colonialismo europeu, 191
Comando de Operações Terrestres do Exército, 37
comércio internacional, 186
Comidinha da Mamãe (trailer), 68
Comissão de Constituição e Justiça (CCJ), 162-6
Comissão Especial sobre Mortos e Desaparecidos, 172
Comissão Nacional da Verdade, 38
Comitê Olímpico Brasileiro, 38

Como vencer um debate sem precisar ter razão (Schopenhauer), 219
comunismo, 12-3, 89, 91, 192, 205
concussão, crime de, 178
Congo, 121
Congresso Nacional, 9, 11, 14, 22, 25, 38, 48, 57, 72, 73, 86, 93-4, 98, 115-7, 128-36, 143, 145-6, 148, 151-2, 158, 160, 162-3, 209, 211, 221, 225-7, 231
Conselho Nacional de Política Criminal e Penitenciária, 74
Constituição brasileira, 15, 30, 71, 133
Controladoria-Geral da União, 108
Cook, Tim, 21
Coopertran, 178
Copa América, 216
Cordeiro, capitão, 78-9
Coreia do Norte, 120
Corpo de Bombeiros, 14
Correios, 140
corrupção, 27, 59, 73, 178, 194-7, 204-6, 225-6, 229
corte de verbas na educação, 126-7, 136, 215; *ver também* educação; Ministério da Educação
Cosan (empresa), 43
Costa Neto, Valdemar, 59, 63
Costa, Humberto, 130
couro brasileiro, 186
CPI da Lava Toga, 205, 208-9, 228
CPIs da Câmara (Comissão Parlamentar de Inquérito), 194
crescimento econômico, 161, 228; *ver também* economia brasileira
criminalidade, 23, 74
Cristina, Tereza, 24
Crusoé (revista digital), 120, 207

Cuba, 120, 191
cultura, 161, 217-8, 229
Cultura (TV), 192
cultura militar, 144, 185
Cunha, Eduardo, 10, 12, 116
Cunha, Euclides da, 95
Curió, major, 42
Curitiba (PR), 116

Dallagnol, Deltan, 22, 152
Dallas (Texas), 125-6
Datafolha, 55, 59, 196
Davos (Suíça) *ver* Fórum Econômico Mundial (Davos, 2019)
declarações estapafúrdias de Bolsonaro, 211
decretos legislativos *versus* decretos presidenciais, 132
déficit previdenciário, 160-1; *ver também* reforma da Previdência
#deixedeseguirapeppa (hashtag), 222
DEM (Democratas), 22, 109, 129, 178
democracia, 24, 30, 33, 215
Departamento de Ciência e Tecnologia do Exército, 43
deputados, 9, 11, 13-4, 25, 55, 64-5, 68, 75, 90, 116, 139, 146, 149, 163-4, 194, 202, 225-6
desemprego, 128
desmatamento, 92, 171, 173, 182, 216
Diário Oficial da União, 42
Dias, major, 93
DiCaprio, Leonardo, 211
diesel, preço do, 169-70
Diniz, Abilio, 43
Diniz, Gil, 80
Dino, Flávio, 188
Dirceu, José, 57, 202

Dirceu, Zeca, 164
Direita Paraíba (grupo), 25
direita política, 67, 113, 122, 130, 167, 192, 209, 217-8, 221
direitos humanos, violações de, 38
Disney (EUA), 189
Distrito Federal, 49, 100, 126, 167, 178
ditadura militar (1964-85), 13, 38, 41, 72, 162, 172, 214
DOI-Codi, 13, 172
Domingos, Guilherme Afif, 164-5
drogas, descriminalização das, 55, 74
drones, ataques de, 136, 179

economia brasileira, 21, 26, 62, 161, 166, 187, 228; ver também Ministério da Economia
Economist, The (revista), 186
economistas, 160, 162, 168
educação, 85, 103, 136, 161, 215; ver também Ministério da Educação
Eixo Monumental (Brasília), 14, 112
Elbrick, Charles, 13
eleições municipais (2016), 55, 74
Eler, André, 213
embaixada brasileira em Israel, 91, 187
embaixada brasileira em Washington, 157, 221
Embraer, 22
Embratur, 224
emojis da internet, 222
Empresa Brasileira de Serviços Hospitalares, 195
empresários, 26, 43-4, 81, 85, 131, 134, 158, 195
envelhecimento da população brasileira, 160
erística, 219

Ermírio de Moraes, José Roberto, 43
Escola de Aperfeiçoamento de Oficiais (ESAO), 35-6, 39
Escola de Educação Física do Exército, 9
Escola Preparatória de Cadetes do Exército, 121
"Escola sem Partido", 65
Espanha, 92, 154
Esplanada dos Ministérios, 40, 47, 205
Esplanada Grill (restaurante carioca), 104
Esporte Clube Sírio (São Paulo), 105
esquerda política, 38, 85-6, 90-1, 108, 113, 130, 172, 217-21
"establishment", Bolsonaro e o, 209
Estado de S. Paulo, O (jornal), 28, 125, 128, 148, 153, 181, 196-7, 206
Estado-Maior do Exército, 29, 39
Estados Unidos, 24, 67, 79, 92, 155, 167-8, 189, 218-9
Estatuto do Desarmamento, 65
estudantes (movimento estudantil), 126, 127, 229, 230
Etchegoyen, Sérgio, 32, 40
evangélicos, 25, 98-9, 166-7, 179, 229-30
Everaldo, Pastor, 76
Executivo, Poder, 86, 114-5, 129, 131, 140, 150, 161, 163, 176, 194, 205, 209, 212
Exército, 9, 12, 23, 26-38, 41-3, 55, 66, 85, 97, 99, 108, 111, 121-4, 144, 179-80, 183, 185, 187, 204, 230
"Exército na Mídia" (conta oficial de WhatsApp), 28
expectativa de vida, 160
exportações brasileiras, 187
Eymael, 63

Fabiana, Major, 65
facada em Bolsonaro (2018), 16, 50-1, 53, 79-84, 107, 172, 188, 196, 230
Facebook, 65, 76, 79, 82, 86, 114, 181, 212, 214, 231
fake news, 89, 206-8, 214
Falconi, Vicente, 85
Faria Júnior, Célio, 53
Favoreto, Carlos, 48
Feffer, David, 43
Feghali, Jandira, 75-6
Feira dos Importados (Brasília), 231
Feliciano, Marco, 94
Fernandes, Rodolfo, 176
Ferraz, Waldir, 36
Ferreira, Jorge, 176
Ferreira, Oswaldo, 23, 195
FGV (Fundação Getulio Vargas), 151, 162, 168
Financial Times (jornal), 92
fisiologismo, 133
Flamengo (time), 67, 230
Florianópolis (SC), 96
Folha de S.Paulo (jornal), 50-1, 127, 148, 181, 213, 215, 220
fome no Brasil, 171-2, 216
#ForaSantosCruz (hashtag), 120
Forças Armadas, 12, 32, 37, 111, 123, 145, 184, 186
Foro de São Paulo, 12, 192
foro privilegiado, 201
Forte do Imbuí, praia do (Niterói), 111-2
Fórum Econômico Mundial (Davos, 2019), 19-22, 154, 190, 193
Foz do Iguaçu (PR), 219
Fraga, Alberto, 9-10, 12-4, 23, 59, 177-8

Fraga, Armínio, 141
França, 92, 154, 183, 190-1
França, Carlos Alberto Franco, 20
Francischini, Felipe, 61, 63, 164
Francisco, Jorge (pai), 49, 99, 145
Francisco, Jorge Antônio, 53, 99, 145
Franco, Gustavo, 167
Franco, Marielle, 213
Freire, Heitor, 225
Freire, Paulo, 90
Freitas, Franklimberg Ribeiro de, 139
Freitas, Marcelo, 65
Freitas, Rose de, 130
Freitas, Tarcísio Gomes de, 23-4
Frota, Alexandre, 64, 82, 221-2
Frota, Sílvio, 41-2
Funai (Fundação Nacional do Índio), 139-40
funcionalismo público, 161, 166
Fundação Falconi, 85
Fundação Indigo, 64
Fundo Amazônia, 182-3, 190
fundo partidário, 51, 56, 64, 224
fundos europeus, 187, 190
Furtado, Antônio, 65
futebol, 61, 67, 180, 216
Fux, Luiz, 201

G7 (grupo de países), 184
G20 (grupo de países), 147, 154, 155
gabinete 482 (Câmara dos Deputados), 11
Gabinete de Segurança Institucional (GSI), 22, 32-3, 40, 53, 108, 122-3, 229
"gabinete do ódio" ("turminha das redes sociais"), 212, 217
Gama (cidade-satélite de Brasília), 178

Garcia, Nabhan, 81
gasolina, preço da, 170
gastos primários da União, 161
gays, 55, 104, 146-7, 149, 159; *ver também* LGBT, população/movimento
Geisel, Ernesto, 41-2
generais, 19, 23, 28, 29, 31, 35-8, 41-2, 45, 73, 96, 98, 106, 112, 123-4, 133, 135, 139, 144, 184-5, 212, 217
Gentilli, Danilo, 119
gestão pública, 108
Girão, Eduardo, 130
Girão, General, 65
Globo (TV), 176, 213, 217, 220
Globo, O (jornal), 51, 124, 176, 181, 214
GloboNews, 107, 151, 181
Goiânia (GO), 181
"golden shower", vídeo da (2019), 214
golpe militar (1964), 12, 214
Gomes, Ciro, 26
governabilidade, 209
Gracie, Renzo, 167
Grande Prêmio do Brasil de Fórmula 1 (Rio de Janeiro), 107
Granja do Torto, 176, 179
Grupo de Gays Negros da Bahia, 147
Guedes, Paulo, 14, 20-1, 23, 73-4, 117, 124, 140-2, 148-51, 157, 161-70, 187, 193, 231
"guerra cultural", 217-8
guerrilheiros de esquerda, 42
Gurría Treviño, José Angel, 155
Guterres, António, 121

H&M (varejista de moda), 186
habeas corpus, 27, 30-2
Haddad, Fernando, 141

Haiti, 43, 121
Hang, Luciano, 44
hashtags da internet, 120, 131, 222, 226
Hasselmann, Joice, 115, 221-2, 225
Havan (empresa), 44
Heleno, Augusto, 14, 15, 22-3, 27-9, 38-45, 53-4, 74, 99-101, 108-9, 122-3, 132, 142, 144, 148, 168, 181, 185, 190-1, 195, 204-5
Hernandes, Clodovil, 48
hidrelétricas, 140, 150
Hino Nacional, 11, 25
Hoffmann, Gleisi, 33
homofobia, 48, 113
honestidade de Bolsonaro, 195-6
Hong Kong, 167
horário de verão, fim do, 149, 214-5
Hospital Albert Einstein (São Paulo), 51, 81-2
Hospital Sírio-Libanês (São Paulo), 81
Hotel Morosani Schweizerhof (Davos), 20
Hotel Ramada (Rio de Janeiro), 56, 60
Hotel Sheraton (Rio de Janeiro), 167-8
Hotel Windsor (Brasília), 100
Hsien-Loong, Lee, 155
Huck, Luciano, 59
Hugo, Major Vitor, 163, 181

IDEIA Big Data, 82-3
"idiotas úteis", 127
impeachment de Dilma Rousseff, 12-3, 101, 136, 159; *ver também* Rousseff, Dilma
Imposto de Renda, 21
Imposto sobre Produtos Industrializados, 149

imprensa, 61, 72, 75, 93, 105-6, 120, 176, 180, 206, 212-7, 220; *ver também* jornalistas; mídia

"inassessorável", Bolsonaro como, 192

incêndios na floresta amazônica, 183-7

Índia, 155

índios, 25, 42-3, 95, 113, 139-40, 150, 152, 185, 191

inflação, 128

Inglaterra, 92

Inpe (Instituto Nacional de Pesquisas Espaciais), 171, 173, 183, 187

Instagram, 114, 116, 212, 216

Intercept Brasil, The (site), 152

internet, 119-21, 143, 148, 195, 212-3, 222-3

investimentos no Brasil, 148, 151, 187, 190

IOF (Imposto sobre Operações Financeiras), 21

Ipanema (Rio de Janeiro), 104

Irã, 187

Israel, 20, 39-40, 67, 91, 187, 189

Itaipu Binacional, 54

Itamaraty *ver* Ministério das Relações Exteriores

Itaú Unibanco, 43

Jacarezinho, favela do (Rio de Janeiro), 65

Japão, 67-8, 147, 154-5, 179, 216

Jardim Botânico (Rio de Janeiro), 113

Jardim, Lauro, 114

JBS (empresa), 97, 195

Jereissati, Tasso, 130-1

Jerusalém, 91, 187

Jesus, Leonardo Rodrigues de (Léo Índio), 108-9

João Pessoa (PB), 63, 113

Jordão, rio (Israel), 189

Jorge, Francisco, 141

jornais brasileiros, Bolsonaro e, 180-1

Jornal Nacional (telejornal), 29, 170

jornalistas, 11, 15, 90, 92, 94, 105, 111, 117, 119-20, 127, 133, 140, 142, 151, 160, 169-71, 176, 180-1, 192, 203-4; *ver também* imprensa; mídia

Jovem Pan (rádio), 119

Judiciário, Poder, 133, 205, 209

Juiz de Fora (MG), 51, 77-81, 83, 196

Jungmann, Raul, 29

juros, taxa de, 151, 171

Justiça Eleitoral, 100, 206

Kakay *ver* Castro, Antônio Carlos de Almeida

kamayurá, índios, 25

KC-390 (avião cargueiro), 181

Kerry, John, 20

Kicis, Bia, 100, 167-9

Kipling (marca de moda), 186

Kufa, Karina, 202, 224, 229

Lafond, Jorge, 146-7

Lago Sul (Brasília), 129

Lamarca, Carlos, 13

Landau, Elena, 63

Lara Resende, André, 162

"laranjal do PSL", escândalo do, 51, 145, 223

Laterça, Felício, 65

Lauriete (cantora gospel), 99

Lava Jato *ver* Operação Lava Jato

259

Lava Toga *ver* CPI da Lava Toga
lavagem de dinheiro, 27, 59, 202, 206
Legislativo, Poder, 11, 61, 86, 130, 133, 160, 163, 166, 205
Lei da Anistia (1979), 42
Lei de Falências, projeto da, 194
leilão do pré-sal, 170
Leitão, Miriam, 171-2
Leme, César, 94
Lemos, Julian, 25, 49, 63, 101, 104, 112-3, 225
Lênin, Vladimir, 219
Léo Índio *ver* Jesus, Leonardo Rodrigues de
Lessa, Luiz Gonzaga Schroeder, 28
Levy, Joaquim, 139-42
Lewandowski, Ricardo, 31
LGBT, população/movimento, 14, 78, 149; *ver também* gays
liberalismo econômico, 140, 151, 153, 218
Libération (jornal francês), 186
liberdade de expressão, 215
Lineamento Universal Superior (LUS, seita argentina), 200
Ling, Winston, 167, 169
Linhão de Tucuruí, 140, 150
LinkedIn, 86
Livres (grupo político), 62-3
Livro dos Heróis da Pátria, 11
Localiza (empresa), 44
Lopes, Hélio, 66-9, 80-2, 85-6, 145-7, 181
Lorenzoni, Onyx, 15, 21-2, 24, 47, 53-4, 85, 125, 146, 150
Lúcia, Cármen, 28, 30
Lula da Silva, Luiz Inácio, 12, 22, 26-8, 30-3, 42-3, 55-6, 65, 73, 77, 81, 86, 92, 133, 141, 152, 158, 175-7, 188, 203, 207, 217-8, 228

M23 (grupo armado congolês), 121
Machado, Gilson, 224
maçonaria, 79
macroeconômicos, conceitos, 150-1
Macron, Emmanuel, 19, 154, 183-5, 190
Maduro, Nicolás, 106, 191
Magalhães, Vera, 119
Maia, Rodrigo, 14-5, 94, 114, 116-7, 129, 131, 136-7, 148, 157-60, 163, 166, 227
Malta, Magno, 25, 56, 60, 82, 98-9
Maluf, Paulo, 188
Manaus (AM), 149-50, 229
Mandetta, Luiz Henrique, 24, 86-7
manifestações contra Bolsonaro, 125-6, 136
manifestações pró-Bolsonaro, 130, 132, 136, 215
manifestações pró-Moro, 216
Maracanã, estádio do (Rio de Janeiro), 145, 216, 230
Maranhão, 188
"marcha de esposas" dos militares (1992), 37
Marighella, Carlos, 13
Marinho, Paulo, 54, 113, 151
Marinho, Roberto, 214
Martins, Filipe, 20-1, 24, 120, 132-3, 181, 190, 217
Martins, Marcelo, 43
"marxismo cultural globalista", 24
Mattar, José Salim, 44
Max, sargento, 78-9
MBL (Movimento Brasil Livre), 132

MDB (Movimento Democrático Brasileiro), 64, 100
medidas provisórias, 132
meio ambiente/política ambiental, 154, 161, 182, 186
Meira, Coronel, 100
Mello, Celso de, 30-1
Mello, Jorge, 59-60
Mello, Marco Aurélio, 31, 152, 201
memes da internet, 120
Mendes, Gilmar, 31, 136, 206
Mendes, Guiomar, 206
mensalão, escândalo do, 59, 194
Mercosul, 153-4, 190
Merkel, Angela, 154, 182-3
México, 189
mídia, 90, 120, 159, 214; ver também imprensa; jornalistas
Minas Gerais, 51, 77, 80, 168
Miné, Tomás, 29-30
Ministério da Agricultura, 24, 152-3
Ministério da Ciência, Tecnologia, Inovações e Comunicações, 23
Ministério da Defesa, 22, 26, 29
Ministério da Economia, 21, 23, 73, 116-7, 140, 142, 150, 153, 160-1, 169, 187, 226
Ministério da Educação, 25, 125-6, 141, 214-5, 219-20
Ministério da Infraestrutura, 23-4
Ministério da Justiça, 71, 193
Ministério da Mulher, da Família e dos Direitos Humanos, 24, 99, 139
Ministério da Saúde, 24, 86-7
Ministério das Cidades, 226-7
Ministério das Relações Exteriores (Itamaraty), 24, 39-40, 91, 153, 190

Ministério de Minas e Energia, 116
Ministério do Meio Ambiente, 183
Ministério do Turismo, 50, 145
Ministério Público, 14, 22, 207, 223-4
Ministério Público do Estado do Rio de Janeiro (MPRJ), 125, 197, 199-201
Missão das Nações Unidas para a Estabilização no Haiti, 43
MIT (Massachusetts Institute of Technology), 92
Modi, Narendra, 155
monolinguismo de Bolsonaro, 189
Monteiro, Adalberto, 100
Montes Claros (MG), 79
Moraes, Alexandre de, 207-8
Moreira Franco, Wellington, 116
Moreira, Samuel, 166
Moreno, Jorge, 176
Moro, Sergio, 23, 27, 71, 73-4, 124, 152-3, 193-4, 202, 203-4, 213, 216, 225-8, 230
Moura Brasil, Felipe, 120
Moura, Maurício, 82-3
Moura, Nando, 209
Mourão, Hamilton, 14, 53-4, 89-95, 97-8, 104-7, 114, 135-6, 185, 217
movimentos sociais, 113
MP 870 (Medida Provisória), 225-7
MR-8 (Movimento Revolucionário Oito de Outubro), 13
mulheres, 51, 64, 160

Nações Unidas ver ONU (Organização das Nações Unidas)
Nagle, Leda, 111-2
Nasa (National Aeronautics and Space Administration), 23

Nascimento, Juliano Féres, 93
National Geographic (revista), 184
nazismo, 90-1
negros, 65, 146-7
Nery, Pedro Fernando, 160-1
Netanyahu, Benjamin, 20, 39-40
Netflix, 177
Neves, Tancredo, 78
New York Times, The (jornal), 159
Niemeyer, Oscar, 16, 175
Nigri, Meyer, 44
Niterói (RJ), 111
Nóbrega, Carlos Alberto de, 146
Nóbrega, Manuel de, 146
Nordeste do Brasil, 21, 63, 113, 188
Norte do Brasil, 21, 43, 91
Noruega, 182-3, 190
notícias falsas ver fake news
Nova Iguaçu (RJ), 66
Nova York, 67, 167, 187, 190-1
Nunes, Augusto, 169

Obama, Barack, 147
OCDE (Organização para a Cooperação e Desenvolvimento Econômico), 154-5
Ocidente, 24
ocultação de patrimônio, 206
Odebrecht, Marcelo, 207
olavistas, 24, 104, 125, 132, 217, 219-20; ver também Carvalho, Olavo de
Olimpio, Major, 14, 23, 80-1, 208
Oliveira, Adélio Bispo de, 53, 79, 83-4, 172
Oliveira, Eunício, 14-5
Oliveira, Zanone Manuel de, 84
ONGs (organizações não governamentais), 171, 185, 191, 211

ONU (Organização das Nações Unidas), 43, 67, 121, 187, 190-3, 205
Operação Furna da Onça, 197
Operação Lava Jato, 56-7, 71, 73, 152, 193-4, 204-7, 216, 226, 228
opinião pública, 206
oposição ao governo Bolsonaro, 163-4, 226, 228
Orçamento Federal, 126, 132-3, 161
Ordem do Dia, 115
Ordem do Rio Branco, 36
Ordem dos Advogados do Brasil (OAB), 84, 171-2
Oriente Médio, 67, 217
Orléans e Bragança, Luiz Philippe de, 104-5
Osaka (Japão), 68, 154
Osório, Carlos, 75-6
oxigênio do mundo, fontes do, 184

Pablo, Delegado, 65
países desenvolvidos, 186
Paiva, Rubens, 13
Palácio da Alvorada, 12-3, 86, 136-7, 142-3, 151, 159, 175-7, 180-1, 190, 203, 222
Palácio do Jaburu, 177
Palácio do Planalto, 15, 20, 22, 40, 42, 47, 85-7, 94, 96, 104, 106, 112, 117, 119, 123, 133-4, 137, 140, 146, 152, 171, 180, 182, 192, 212, 217, 224, 226
Palácio Imperial do Japão, 179
palavrões usados por Bolsonaro, 202
Palmeiras (time), 67, 151, 177
Pará, 42, 140, 229
Paraíba, 49, 113, 188
parlamentarismo, 130-1, 158

Partido Novo, 128, 146-7
Paschoal, Janaina, 12, 101-4
Patriota (partido), 60
Paula Cunha, Juarez Aparecido de, 140
PCdoB (Partido Comunista do Brasil), 42, 55, 75, 188
PDT (Partido Democrático Trabalhista), 163
PEC do Orçamento (proposta de emenda à Constituição), 132-3
Pelé (jogador), 188
PEN (Partido Ecológico Nacional), 55-60, 63
Pereira, Everaldo Dias, 189
Pernambuco, 51, 63, 100
Perreira, Heraldo, 176
Peru, 216
Petrobras, 169-70
petróleo, 170
"picos" de adesão nas redes de Bolsonaro, 213-7; ver também redes sociais
Pimentel, Dayane, 225
Pimentel, Gilberto, 98
Pinochet, Augusto, 162
Pinto, Marcos Barbosa, 141-2
Pituka (cadela de Carlos Bolsonaro), 90
PL (Partido Liberal), 25, 164, 194
planos econômicos (anos 1980-90), 162
PMDB (Partido do Movimento Democrático Brasileiro), 110, 194
Podemos (partido), 208
Polícia Civil, 65
Polícia Federal, 14, 51, 65, 77-8, 84, 104, 107, 109, 196, 203-4, 223

Polícia Militar, 9, 14, 82
políticas identitárias, 215
Pontes, Marcos, 23
porteiro do condomínio de Bolsonaro, 213, 217
Poty, Ubiratan, 29
PP (Partido Progressista), 25, 64, 116, 194-5
PPI (Programa de Parcerias de Investimentos), 24
PR (Partido da República), 25, 56, 59-60, 63, 82, 98, 116, 164
Praça É Nossa, A (programa de TV), 146-7
Praia Vermelha (Rio de Janeiro), 36
PRB (Partido Republicano Brasileiro), 116
Prefeitura de São Paulo, 202, 221
Prefeitura do Rio de Janeiro, 58, 74
Presidência da República, 10, 20, 23, 26-7, 31, 34, 39, 48, 53, 55-7, 62, 73, 77, 85, 93, 96, 99-100, 113, 119-20, 141, 145, 164, 170, 180, 189, 195, 213, 230
Prestes, Luís Carlos, 13
privatizações, 92, 140, 148
procuradores, 206-7
Programa Universidade para Todos, 141
propinas, 178
proteção da Amazônia, projetos de, 182-3
PRP (Partido Republicano Progressista), 100-1
PRTB (Partido Renovador Trabalhista Brasileiro), 105
PSB (Partido Socialista Brasileiro), 25, 77, 188

PSC (Partido Social Cristão), 55, 58, 74, 76, 159

PSD (Partido Social Democrático), 116

PSDB (Partido da Social Democracia Brasileira), 61, 64, 75, 129, 130, 222

PSDC (Partido Social Democrata Cristão), 63

PSL (Partido Social Liberal), 44, 51, 55, 59-66, 68, 77-8, 80, 83, 100-1, 103, 105, 112, 151, 167, 196, 202, 208, 220-1, 223-6

PSL Mulher (fundação), 64

PSOL (Partido Socialismo e Liberdade), 14, 79, 90, 103, 107, 140, 163

PT (Partido dos Trabalhadores), 12, 33, 38, 43, 49, 59, 61, 64, 90, 102, 129, 140-1, 163-4, 194, 202, 213, 215, 220

PTB (Partido Trabalhista Brasileiro), 194

publicidade, 120, 143

PUC do Rio de Janeiro (Pontifícia Universidade Católica), 48, 151, 161-2

Pujol, Edson, 144, 185

queimadas na Amazônia, 183-7, 190, 211

Queimados (RJ), 66

Queiroz, Fabrício, 54, 80, 124-5, 196-203, 210, 221, 226, 228

"rachadinha", prática da, 124, 197

racismo, 113

radares eletrônicos, suspensão dos, 215

Ramagem, Alexandre, 107-8

Ramos, Luiz Eduardo, 34, 40, 135

Rangel, Roberta, 206

Raoni (cacique), 192

Raposa Serra do Sol, reserva indígena (RR), 43

Reale Júnior, Miguel, 12

Receita Federal, 21, 188, 206-7

Recife (PE), 61-3, 223-4

redes sociais, 39, 53, 65-6, 76, 82, 89, 95, 114, 117, 119, 124, 133, 136, 163, 177, 181, 207-9, 211-3, 217, 218, 222

referendo revogatório, 131

reforma administrativa, 225, 231

reforma da Previdência, 92, 114-6, 130, 137, 147-8, 152, 157-62, 164, 226-7

reforma tributária, 92, 137, 148, 231

refrigerantes, indústrias de, 149

Regimento de Cavalaria de Guardas, 16

Rêgo Barros, Otávio do, 28-9, 106, 170

Reis, Enéias, 225

renda per capita, 164

Republicanos (partido), 229

Resende (RJ), 37, 111

Resende, Ovasco, 100-1

reservas indígenas, 152, 185-6

"Revolução de 31 de março", Bolsonaro e a comemoração da, 214

Riachuelo, 44

Ribeiro, Carlos Alberto Cabral, 42

Ribeiro, Darcy, 13

Ribeiro, José Mateus Teixeira, 47

Rio de Janeiro, 34-7, 42, 48, 50, 56, 65-6, 74, 86, 102, 107, 110, 125, 144, 167, 172, 198, 200, 203

Rio Grande do Sul, 121

Rios, Roni, 146

264

robôs da internet, 115, 212
Rocha, Flávio, 44
Roda Viva (programa de TV), 192
Rodrigues, Chico, 109
Rodrigues, Leonardo, 80
Rodrigues, Randolfe, 130-1
Rolls Royce presidencial, 112
Roraima, 43, 109, 140, 150
Rosário, Maria do, 49
Rosário, Wagner, 68
Rousseff, Dilma, 12-3, 22, 38, 43, 48,
    81, 86, 92, 97, 101, 136, 141, 158-9,
    164, 176, 177, 191, 203, 215
ruptura institucional, 128, 130
ruralistas, 140
Rússia, 121

Salão Verde (Câmara dos Deputados),
    11, 15
Salles, Ricardo, 183
Santa Casa de Juiz de Fora, 79-81, 196
Santa Catarina, 59
Santa Cruz, Felipe, 84, 172
Santa Cruz Oliveira, Fernando de, 172
Santa Rosa, Maynard, 212
Santos Cruz, Carlos Alberto dos, 108-
    9, 119-24, 139, 142-3, 153, 185
"Santos Cruz Report" (estudo da ONU),
    121
São Paulo, 34, 43, 50-1, 80-1, 101, 103,
    105, 121, 134, 164, 198, 200-2, 219,
    221
Sarney, José, 22, 191
saúde pública, 85, 103, 148, 161; ver
    também Ministério da Saúde
Savino, Bruno, 83
Schiochet, Fabio, 225
Schopenhauer, Arthur, 219

Schulze, Svenja, 182
Schwab, Klaus, 20-1
Secretaria da Pesca, 148
Secretaria de Assuntos Estratégicos,
    212
Secretaria de Assuntos Fundiários, 81
Secretaria de Comunicação Social
    (Secom), 43, 81, 143
Secretaria de Economia e Finanças do
    Exército, 97, 108
Secretaria de Governo, 40, 108-9, 119,
    135
Secretaria-Geral da Presidência, 23,
    48, 96, 99, 141, 145
segunda instância, prisão em, 27, 56,
    217, 228
Seif Júnior, Jorge, 148
Seixas, Sigmaringa, 176
Seleção Brasileira de Futebol, 216
sem-terra, 125
Senado, 10, 14, 54, 57-8, 80, 99, 114,
    128-31, 205, 208, 227, 230
senadores, 64, 130, 149, 205, 208
sequestro na ponte Rio-Niterói (2019),
    216
Serra, José, 130
Sete de Setembro, comemorações do
    (2019), 112, 204
Setor Sudoeste (Brasília), 49, 77
Sevilha (Espanha), 154
Silva, Claudete Maria da, 61-2, 224
Silva, Marina, 55, 59
Sivam (Bruno Abbud), 202
soberania nacional, 43, 184
soja, produção de, 186
sonegação, crime de, 202
Souto, Aléssio Ribeiro, 195
Stumpf, André, 92-4, 108

265

Sudeste do Brasil, 34, 135
Suíça, 131
Suplicy, Marta, 202
Supremo Tribunal Federal (stf), 15, 27-8, 30-1, 40, 47, 49, 56, 73, 127-8, 131, 133-7, 152, 194, 200-2, 205-7, 209, 217, 228, 230
Szabó, Ilona, 71, 74

Tadeu, Coronel, 65, 225
Tafner, Paulo, 160-1
Tavares, Ana, 176
taxa de juros, 151, 171
Teatro Oi Casagrande (Rio de Janeiro), 75
Tebet, Simone, 130
Tecnisa, 44
Tel-Aviv (Israel), 187
telejornais, 29, 170, 181
Temer, Michel, 15-6, 19, 22, 32, 79, 97, 107-8, 133, 153, 158, 160, 175, 177, 203
terras indígenas, demarcação de, 152, 185-6
Tesouro Nacional, 141, 165
Texas (eua), 68
tilápia, pesca da, 148-9
Timberland (marca de moda), 186
Tinoco, Carlos, 37, 111
Toffoli, Antonio Dias, 15, 31, 134-7, 201-3, 205-9, 228
Tomaz, Tercio Arnaud, 181-2
Tóquio, 179
tortura, 13-4, 73, 97, 159, 171, 193
tráfico de influência, 206
Tribunal de Justiça do Distrito Federal, 178

Tribunal de Justiça do Rio de Janeiro, 124
Tribunal Superior Eleitoral (tse), 104-5, 195-6
"tripé de credibilidade" do governo Bolsonaro, 124, 153
Trump, Donald, 19, 24, 106, 147, 155, 189
"Trump e o Ocidente" (Araújo), 24
turismo lgbt, 149
"turminha das redes sociais" ("gabinete do ódio"), 212, 217
Twitter, 19, 25, 33, 76, 82, 89-91, 95-7, 119, 122, 131, 183, 212, 214, 217, 219, 222, 226

uif (Unidade de Inteligência Financeira), 227; ver também Coaf (Conselho de Controle de Atividades Financeiras)
Ultra, Grupo, 43
União Europeia, 153-4, 190
Universidade de Brasília, 24, 126
Universidade de Chicago, 162, 168
Universidade do Chile, 162
Universidade Estácio de Sá, 110
Universidade Federal da Bahia, 126
Universidade Federal de Minas Gerais, 168
Universidade Federal Fluminense, 126
Universidade Harvard, 92-3
Universidade Stanford, 82
usp (Universidade de São Paulo), 173

Valle, Ana Cristina Siqueira, 111, 189
#vamosinvadirocongresso (hashtag), 131
Van Damme, Jean-Claude, 165
Vans (marca de moda), 186

Veja (revista), 35, 61, 169, 206, 224
Vélez Rodríguez, Ricardo, 25, 125, 214
"velha política", 114, 136, 163, 228
Vem pra Rua (grupo político), 132
Venezuela, 106, 131, 150, 164, 191
Vera Verão (drag queen), 146-7
Verdade sufocada, A (Brilhante Ustra), 193
Vereza, Carlos, 52-3
VF Corporation, 186
Vieira Neto, Floriano Peixoto, 141, 145
Vieira, Alessandro, 205-6, 208
Vila Militar (Rio de Janeiro), 142, 144
Villas Bôas, Eduardo, 26-34, 47, 97, 122-4, 185
Virgínia (EUA), 94, 218-9
Vivendas da Barra (condomínio carioca), 90, 108, 213, 217
Votorantim, 43

Wagner, Jaques, 130-1

waimiri-atroari, índios, 139-40
Wajngarten, Fabio, 43, 81, 143
Waldir, Delegado, 14, 65, 158, 221-2
Wall Street (Nova York), 92
Washington, D.C., 93, 97, 157, 221
Wassef, Frederick, 143, 200-1
Weintraub, Abraham, 125, 219-20
Weintraub, Arthur, 125
WhatsApp, 24, 27-8, 30, 52, 89, 96, 102, 127-8, 131, 134, 167, 169
Wilson Center (do centro de pesquisas americano), 97, 105
Wongtschowski, Pedro, 43
Wyllys, Jean, 14

YouTube, 95, 111, 212

Zambelli, Carla, 227
zika vírus, 181
Zona Franca de Manaus, 149
Zumbi dos Palmares, 13

1ª EDIÇÃO [2020] 1 reimpressão

ESTA OBRA FOI COMPOSTA PELA SPRESS EM MINION E IMPRESSA EM OFSETE PELA GRÁFICA BARTIRA SOBRE PAPEL PÓLEN SOFT DA SUZANO S.A. PARA A EDITORA SCHWARCZ EM JANEIRO 2020

A marca FSC® é a garantia de que a madeira utilizada na fabricação do papel deste livro provém de florestas que foram gerenciadas de maneira ambientalmente correta, socialmente justa e economicamente viável, além de outras fontes de origem controlada.